50 Sessões de Autoterapia

Guia Definitivo para Transformar Sua Vida

Natália Zieger

50 Sessões de Autoterapia

Guia Definitivo para Transformar Sua Vida

MADRAS®

Editor:
Wagner Veneziani Costa (*in memoriam*)

Produção e Capa:
Equipe Técnica Madras

Ilustrações Internas:
Paulo Rogério de Souza

Revisão:
Jerônimo Feitosa
Neuza Rosa

Dados Internacionais de Catalogação na Publicação (CIP)
(Câmara Brasileira do Livro, SP, Brasil)

Zieger, Natália

50 sessões de autoterapia : guia definitivo para autoclarear e transformar sua vida / Natália Zieger. -- 1. ed. -- São Paulo : Madras Editora, 2025.

ISBN 978-65-5620-089-7

1. Autoajuda 2. Autoterapia 3. Terapia holística I. Título.

24-214147 CDD-615.89

Índices para catálogo sistemático:

1. Terapia holística 615.89

Aline Graziele Benitez - Bibliotecária - CRB-1/3129

MADRAS EDITORA LTDA.
Rua Paulo Gonçalves, 88 – Santana
CEP: 02403-020 – São Paulo/SP
Tel.: (11) 2281-5555 – (11) 98128-7754
www.madras.com.br

Índice

Introdução

A vida moderna e apressada que levamos nos envolve em uma teia de obrigações, expectativas e pressões, deixando pouco espaço de tempo para pensarmos e nos conectarmos verdadeiramente com nós mesmos. É justamente nessa hora que precisamos de uma pequena pausa para um autocuidado.

Aqui, teremos a oportunidade também de poder rever momentos-chaves que vivemos no passado, mas que ainda são muito importantes para nós, pois refletem em nosso momento atual bloqueios, frustrações e falta de motivação, por exemplo.

Este livro é fundamentado no conceito de autoterapia, no qual você será capacitado, orientado e instigado a aprofundar seu autoconhecimento por meio de suas atuais e novas próprias habilidades e recursos.

Dividido em 50 sessões de autoterapia, cada uma delas, foi cuidadosamente projetada, com uso de diversas técnicas. O propósito é orientá-lo a explorar seu mundo interior, clareando camadas que antes estavam escuras, com o objetivo de equilibrar diferentes áreas da vida, como trabalho, família, lazer, amorosa, espiritual e financeira, além de melhorar suas habilidades sociais, resolução de conflitos, ansiedade, estresse e autoestima.

Isso significa que você terá acesso a transformar todos esses setores, mas precisará se dedicar emocional e fisicamente para poder aplicar cada sessão na sua vida. É importante saber que aqui iremos explorar maneiras de se conectar consigo e desenvolver uma consciência totalmente diferente da atual. E para tudo isso funcionar, é importante estar aberto e disposto a permitir "clarear" tudo o que hoje está escuro em sua consciência.

Você iniciará uma jornada de exploração interna, na qual será capacitado, sessão a sessão, aprofundando e aprendendo a compreender suas emoções, seus bloqueios e origem dos seus sonhos e projetos.

A estrutura das sessões é projetada para fornecer *insights* profundos e práticos, além de exercícios específicos, incentivando você a aplicar o conhecimento adquirido em sua rotina, entendendo que o progresso acontecerá passo a passo, sessão a sessão.

Cada sessão e pequeno avanço o aproximará de uma compreensão mais profunda de si mesmo e o capacitará a tomar decisões futuras mais conscientes e alinhadas com seus objetivos, por meio de uma nova consciência adquirida.

Você descobrirá como alcançar suas metas e reencontrar sua felicidade, frequentemente negligenciada em prol de outras prioridades ou pessoas. Isso o ajudará a compreender os motivos que podem o ter levado a momentos de desânimo e, o mais importante, a aprender como não permitir que isso afete mais sua vida.

Lembre-se, a mudança começa com a leitura, mas o verdadeiro poder será desbloqueado quando você aplicar em sua existência. Continue a leitura de cada sessão com a determinação de fazer pequenas mudanças e descobrir o potencial inexplorado que reside dentro de você.

Este livro fala sobre o que nos faz ser quem somos por dentro. Mesmo que, algumas vezes, possa parecer que estou falando principalmente ao público masculino, na verdade, estou falando com a parte de você que é única, independentemente do gênero. Portanto, ao ler, saiba que estou me dirigindo a você como indivíduo, falando diretamente com "o seu eu interior".

As páginas desta obra são um convite para uma transformação profunda e duradoura.

Aplicando Cada Sessão

Você não está aqui agora para fazer uma escolha, porque já a escolheu. Como ser único que é, vou ajudá-lo a compreender o porquê dessa escolha e assim, futuramente, poderá fazer outras escolhas mais assertivas, que o alinharão com o que quiser.

É fundamental reconhecer que hoje você está no ponto onde se encontra em razão de suas experiências anteriores. Nossa intenção em sessão não será apontar culpados ou reviver cenas passadas, mas, sim, compreender o que essas experiências trouxeram de positivo, ao mesmo tempo em que identificamos as limitações que podem ter surgido como resultado delas. Somente com essa consciência será possível realizar qualquer transformação significativa. É essa nova consciência que despertará um potencial, que já existe dentro de você, mas está inativo.

50 Sessões de Autoterapia será eficaz para aqueles que estiverem dispostos a explorar informações internas, por vezes dolorosas, com o objetivo de adquirir uma perspectiva completamente nova, mais madura e imparcial em comparação com suas percepções anteriores. Isso envolve dedicar tempo, energia e disciplina para aplicar as sessões em sua vida.

A conquista de resultados está totalmente vinculada à sua aplicação prática. Portanto, é aconselhável não realizar mais de uma sessão no mesmo dia, uma vez que não haverá tempo suficiente para implementar as tarefas no seu cotidiano. Isso pode dificultar a conquista de resultados eficazes. Ou seja, o que você identificar como ação relevante para melhorar sua vida deve ser aplicado, dentro das suas possibilidades, a fim de alcançar os resultados desejados, e só então, deverá fazer a próxima sessão.

Você terá acesso também a algumas histórias vivenciadas em atendimentos, isso o ajudará a refletir se experenciou algo semelhante em algum momento. Sua principal prioridade deve ser analisar e aplicar as orientações que fizerem sentido para você, para ir obtendo resultados e, desse modo, progredir para a próxima sessão.

Não tenha pressa em fazer as sessões, mas, sim, em dedicar qualidade para cada uma. Algumas podem parecer mais simples do que outras, no entanto, todas desempenham um papel essencial no processo, e sem a sessão anterior, compreender a seguinte será uma tarefa mais desafiadora, com resultados possivelmente não tão satisfatórios para você.

É importante não pular nenhuma etapa ou sessão, pois elas seguem uma ordem específica. O que pode parecer não ter significado nada para você, em próximas sessões você usará aquele conhecimento específico que foi abordado anteriormente.

Ao longo do livro, você terá sessões de diferentes tamanhos, sendo algumas mais breves e outras mais extensas. Em algumas, você será incentivado a reler sessões anteriores e a refazê-las, permitindo que obtenha novos *insights* com sua crescente consciência, podendo até mesmo parecer que aquela sessão antiga é totalmente nova, como uma continuação da que acabou de fazer. Aproveite essas oportunidades e aplique todo seu novo conhecimento!

Dedique um momento exclusivo para a leitura, seja em sua residência, seja em algum lugar externo, garantindo que você tenha total liberdade no ambiente escolhido. Embora não seja uma leitura difícil ou demorada, é essencial que se comprometa a reservar um tempo só seu e estando sozinho. Afinal, você merece esse período de dedicação e autocuidado!

Reserve um caderno, diário ou agenda exclusivamente para suas anotações, as quais servirão como seu registro pessoal de aprendizados. Uma vez que esse é um material pessoal, é importante que apenas você tenha acesso a esses escritos, proporcionando um ambiente de conforto e segurança para registrar tudo o que sentir e desejar.

A cada pergunta que você encontrar nas sessões, mesmo que pareça figurativa, interrompa a leitura e transcreva-a em seu caderno. Em seguida, anote sua resposta, que pode ser breve (sim ou não) ou mais detalhada e descritiva. Fazer isso é essencial para o alcance dos resultados, posteriormente.

Registre igualmente todas as percepções extras adquiridas durante a leitura, não apenas ao término, mesmo que possam parecer insignificantes ou você acredite que conseguirá lembrar depois, interrompa a leitura e anote tudo!

Reforço agora a importância de seguir as sessões na ordem apresentada, uma vez que cada uma delas se baseará nas anteriores, construindo um progresso contínuo.

Estarei aqui como sua guia confiável e parceira, comprometida em auxiliá-lo com seriedade e empatia. Desejo-lhe muito sucesso nessa trajetória de autodescoberta e crescimento pessoal. É uma honra fazer parte de tudo isso!

A Simbologia de Cada Sessão

No topo de cada sessão você encontrará símbolos que fornecem uma organização visual para tornar sua experiência mais envolvente e informativa. Cada um representa mais do que uma simples figura: eles simbolizam a essência da transformação que está por vir.

Veja abaixo uma breve legenda do significado de cada um:

– Ideias

A sessão que apresentar esse símbolo estimulará o despertar de *insights*, trazendo novas ideias e compreensões que iluminarão seu caminho futuro. Prepare-se para descobrir novas perspectivas e compreensões profundas.

- Progresso

É o avanço e progresso em direção a uma nova perspectiva. Esteja pronto para uma aceleração do seu crescimento pessoal ao concluir essa sessão.

– Bússola

Como uma bússola, esta sessão guiará você no caminho da sua busca, orientando-o na direção de onde quer chegar em seu futuro.

– Transformação interior

Espere descobrir crenças antigas e ressignificar aspectos importantes.

🔑 – Virada de chave

Descoberta de "chaves" para solucionar desafios pessoais, abrindo portas para novas soluções e possibilidades. Esteja pronto para descobrir as respostas que procura e poder "virar a chave".

– Sessões anteriores serão necessárias

Aqui você reaplicará conhecimentos adquiridos em sessões anteriores.

– Lupa

Uso do seu registro pessoal de aprendizados em busca de respostas para questões importantes e verificar seu progresso.

– Recordações

Sua vivência será essencial nesta sessão. Esteja pronto para atribuir o devido valor à sua história pessoal, dando um novo significado a partir de uma nova consciência.

– Brilho

Simbolizando a descoberta de talentos e habilidades ocultas. Após completar uma sessão com esse símbolo, prepare-se para brilhar com todo seu potencial.

– Quebra-cabeça

Autodescoberta e integração de diferentes aspectos da personalidade. Como a montagem de um quebra-cabeça, você se sentirá uma pessoa mais completa e autêntica no final dessa sessão.

– Definição de objetivos

Nessa sessão, será feito o processo de definição e planejamento de metas. Prepare-se para traçar um caminho claro para o seu objetivo.

– Virada de página

A sessão que contiver esse símbolo, marcará o início de uma nova fase na sua vida. É a abertura de um novo capítulo. Está na hora de virar a página.

– Crescimento

Início de um novo ciclo de autodescoberta, representando o recomeço e o crescimento contínuo em seu caminho pessoal. Como uma planta que brota, você está prestes a crescer e florescer.

– Sessão de nível avançado

Experiência intensiva, que abrange diversos tópicos.

Conforme avançar nas sessões, os símbolos servirão como marcadores das suas conquistas e descobertas pessoais. Você pode, inclusive, desenhar em seu caderno de anotações os símbolos correspondentes a cada sessão que concluir, dando um significado ainda maior.

À medida que você se aprofunda nas próximas páginas, sessão a sessão, mantenha um olhar atento para esses símbolos, pois eles são a essência da sua transformação pessoal.

Com o tempo, você os notará como guias valiosos, ajudando-o a entender a essência de cada sessão, antes mesmo de iniciar. Naturalmente, você os assimilará e entenderá o significado de cada um, antecipando o que está por vir.

Considere esses símbolos como a essência do seu Autoclarear, pois foram escolhidos com a principal finalidade de permitir que você desfrute ao máximo cada sessão.

Sessão #0: Pré-sessão

Esta não é a primeira sessão, mas, sim, a "sessão zero", na qual você fará sua autoanamnese. Essa pré-sessão foi elaborada para orientá-lo no processo de preparação e é preciso que você a leve a sério, respondendo sinceramente às perguntas, pois ela servirá como um alicerce para as sessões seguintes.

Embora seja completamente diferente das demais, essa sessão é essencial para poder no futuro acompanhar seu progresso, e isso será feito em determinado momento, sob minha orientação, por você mesmo.

Agora vamos começar sua jornada de autodescoberta e clareza interior. Pegue seu caderno de anotações, insira a data de hoje e, à medida que avançamos, reescreva cada pergunta e registre suas reflexões e respostas.

Sempre que encontrar uma nova pergunta, copie-a, resumidamente se quiser, para seu caderno e, em seguida, responda. Sempre respondendo uma pergunta de cada vez, sem se apressar, levando o tempo que precisar para refletir. Somente após registrar em seu caderno, continue com a leitura, combinado?

Nossa vida é marcada por diversas experiências e momentos significativos, positivos ou não. Quais eventos marcantes em sua infância influenciaram quem você é hoje? Escreva três momentos que considera que definiram muitas coisas em sua vida, os três primeiros que vierem à sua mente.

Esses momentos escolhidos podem mudar de tempos em tempos, por isso é importante que você responda sinceramente, com sua consciência de hoje. Após responder à pergunta anterior, escreva três momentos impactantes de sua adolescência, que ainda refletem em sua fase adulta.

Quem são as pessoas mais importantes em sua vida?

Quais são seus maiores desafios nos relacionamentos? Descreva suas maiores dificuldades.

Como você considera estar seu profissional hoje? E sua vida amorosa? Resuma essas duas áreas.

Profissionalmente, você sente que está seguindo sua verdadeira paixão ou missão de vida?

Você está em uma situação financeira confortável no momento? Acredita que já atingiu seu ponto mais alto ou acha que ainda pode progredir?

Você acredita que conhecer a si mesmo é essencial para fazer escolhas que estejam alinhadas com seus desejos e missão de vida?

Qual é seu nível de autoconhecimento, de 0 a 10?

Você costuma dizer "não" a si mesmo? Quais são as áreas em sua vida em que você deseja passar a dizer "sim" a si mesmo com mais frequência? Seus relacionamentos, carreira, hobbies ou outras?

Qual seu estado civil?

Amorosamente, você se sente feliz?

Como avalia seu nível de satisfação amorosa hoje?

Como você se conecta com Deus, a espiritualidade ou o Universo? O que isso significa para você?

Você está satisfeito com sua saúde? Enfrenta algum desafio de saúde específico? Se sim, qual?

Como se sente em relação a seu corpo?

Você se considera uma pessoa impaciente? E persistente?

Como gosta de passar seu tempo livre? Você costuma ter tempo livre? Sente-se grato, permite-se relaxar e se divertir ou costuma se sentir mal depois?

Quais são seus maiores sonhos?

Quais são as áreas da sua vida que você mais deseja transformar e melhorar?

Tem alguma área em que você considera estar 100% satisfeito?

Sua vida social também é importante. Você sente que está verdadeiramente realizado nesse aspecto?

Você tem amigos? Quem são seus melhores amigos?

Como está sua relação familiar hoje?

Quem é sua família?

Quem você considera também fazer parte de sua família?

E se pudéssemos ampliar ainda mais essa noção familiar, quem você consideraria fazer parte também, mas que em princípio não considerou? O que o impediu de incluir essas pessoas inicialmente?

Independentemente de qualquer área da vida, o que faz você se sentir mais vivo e realizado?

O que você espera alcançar com as 50 sessões de autoterapia em sua vida?

Qual será sua maior motivação para continuar lendo e aplicando as sessões? O que fará você não desistir?

Clarear isso para si mesmo é importante e se tornará a base da sua persistência. Assim como cada sessão é essencial para o progresso, é importante compreender que não bastará completar, por exemplo, apenas as cinco primeiras para notar uma grande mudança. Você terá progresso sim nas sessões iniciais, mas compreenda que elas apenas "preparam o terreno", e você nunca saberá qual sessão realmente será a virada de chave que precisa, pois cada uma das anteriores já ativaram pequenas coisas, mesmo que racionalmente seja algo imperceptível.

Hoje, quais são as maiores barreiras ou desafios que você acredita que este livro pode ajudá-lo a superar?

Qual é o resultado mais impactante que você espera alcançar? Ou seja, o que precisa acontecer em sua vida para você sentir que tudo valeu a pena?

Por intermédio do autodesenvolvimento e de uma nova consciência, você terá a oportunidade de compreender as raízes de suas crenças, superar desafios, lidar com questões emocionais e, até mesmo, encontrar sua missão de vida. Mas, o que você, pessoalmente, espera alcançar com essa transformação? Qual é sua visão para seu futuro?

Como você imagina sua vida depois de passar por este processo?

Estas são algumas questões importantes que irão guiar você, mesmo que inconscientemente, ao longo deste livro. Agora reflita sobre o que foi escrito e nos encontramos na primeira sessão!

Sessão #1: Do que Você já Abriu Mão por Amor?

Nesta primeira sessão, abordaremos um tema fundamental: o amor. Não limitando apenas ao amor romântico, porém abrangendo o amor em sua forma mais ampla, e as decisões que tomamos em nome desse sentimento.

Do que você já abriu mão em nome do amor? É possível que algo esteja vindo a sua mente. É crucial que você anote cada resposta e reflita sobre cada pensamento que surgiu antes de continuar.

Foi por proteção, seja a sua própria ou a de outra pessoa? Com essa resposta, reflita o motivo de ter feito esse sacrifício.

Em meus atendimentos, sempre que faço essa pergunta observo um minuto de silêncio. A resposta deveria ser uma questão simples: você abriu mão de algo em nome de outra pessoa ou por si mesmo.

A pausa que ocorre quando faço essa pergunta resulta de a pessoa refletir sobre o motivo verdadeiro por trás de suas decisões passadas. Muitas vezes, acreditando que tomou decisões em benefício de outros, mas a realidade é que não.

Por exemplo, quando alguém deixa de fazer uma cirurgia desejada por medo de que algo dê errado e um filho fique desamparado.

Ou então, não concluir uma faculdade porque sente a necessidade de estar mais presente em casa para cuidar desse mesmo filho. Também é comum evitar fazer dieta com medo de afastar o cônjuge ou de não conseguir ser uma boa mãe para o filho. Algumas pessoas sentem que não podem mudar de emprego, pois acreditam que o chefe depende delas ou, até mesmo, não podem deixar um emprego seguro porque isso poderia comprometer a segurança financeira da família.

O que ocorre é que muitas vezes acreditamos que estamos fazendo isso para proteger ou "economizar" alguém de passar por alguma mudança ou dificuldade. Mas é importante entender que nossas motivações costumam ser mais complexas do que parecem à primeira vista, e podem haver razões profundas por trás dessas decisões.

Quando abrimos mão de nossos sonhos e objetivos, justificamos isso como um ato de amor, associando e nomeando esse sacrifício com o nome de alguém que amamos. Tem alguém que você ama muito e costuma atribuir esses seus atos de sacrifícios? Anote o nome dessa pessoa (ou dessas pessoas) e sinalize-a como "pessoa 1" em seu caderno, pois é assim que a chamaremos nesta sessão.

Sempre usamos como motivo alguém que amamos muito, e acreditamos realmente que nosso "não" é por causa dessa pessoa. Achamos que vale a pena adiar o que queremos ou riscar de nossos planos aquilo para "um bem maior".

Parece muito nobre, mas, na realidade, é muitas vezes uma desculpa que nosso inconsciente fornece à nossa mente consciente para justificar nossas decisões. Repetimos esse padrão dia após dia, semana após semana, mês após mês. Nós nos apegamos a essas justificativas como uma forma de consolo, especialmente quando percebemos que o tempo passou e ainda estamos insatisfeitos com a situação. Identificou-se?

Isso funciona até certo ponto, mas um dia percebemos que perdemos um tempo precioso e irrecuperável em nossa vida e, em alguns casos, passamos a responsabilizar aquela pessoa que tanto amávamos no dia em que a escolhemos para ser "motivo" de sacrificar nossos próprios sonhos em nome daquele amor. Isso parece justo para você?

Por mais que você ame profundamente essa pessoa e não a prejudique de forma alguma, ainda assim, não parece nobre nem justo responsabilizá-la pelas escolhas que você fez no passado e que continua a reforçar diariamente.

O objetivo principal desta primeira sessão é clarear que, por trás do ato aparentemente nobre de abrir mão de algo por amor, por trás da intenção de evitar ser uma pessoa egoísta, escondem-se crenças limitantes profundamente enraizadas. Essas crenças levam nosso inconsciente a criar desculpas altamente coerentes, a fim de que nossa mente consciente as aceite, sugerindo que não estamos sendo egoístas ou errados em nossas atitudes, fazendo-as parecerem nobres.

Essas crenças podem ter raízes em mensagens que recebemos ao longo de nossas vidas, geralmente na infância. São mensagens que nos fizeram acreditar que não merecemos conquistar nossos próprios sonhos, que somos incapazes de enfrentar desafios por conta própria, ou que nossa prioridade deve ser sempre agradar aos outros, sendo errado pensar em nós mesmos.

Por exemplo, você pode ter sido criado em um ambiente onde esperava que cuidassem de você, mas se sentiu abandonado muitas vezes e, então, fez uma espécie de promessa para si mesmo de que seria uma pessoa diferente, não seria egoísta, nem se priorizaria, fazendo com que hoje você não se sinta confortável em priorizar-se. Logo, a cada oportunidade que surge em sua vida de fazer algo por si, sua sensação seria de estar descumprindo um acordo, como se fizesse algo muito errado, mesmo que você não lembre racionalmente.

Essas crenças podem ter tido um grande impacto em suas decisões passadas, levando-o a abrir mão de seus próprios sonhos "em nome do amor". Você pode ter acreditado que apenas aqueles que se sacrificam e dedicam seu tempo e esforços aos outros são os que realmente amam. Você já se viu pensando ou sentindo algo nesse sentido?

Você se percebe achando que quem cuida de si, deixando os outros esperando ou, até mesmo, esquecendo de fazer algo prometido, é egoísta ou errado?

Essas experiências de formação de personalidade e escolhas geralmente formam a base das crenças. É importante entender que essas crenças não refletem a realidade. Sendo limitantes ou não, elas são construções mentais que podem ser modificadas e equilibradas com o clarear delas.

Você identificou quem é a "pessoa 1" em sua vida. Agora é o momento de refletir sobre se você foi ou ainda é esse mesmo motivo para alguém. Já pensou que da mesma forma que você responsabilizou a "pessoa 1" no passado, alguém pode ter feito o mesmo com você? Isso poderia incluir seus pais, avós ou outras pessoas em sua vida. Pode ser que eles tenham sacrificado seus próprios sonhos quando você nasceu, por exemplo. Como você se sentiria se eles o usassem como desculpa racional para nunca terem ido em busca do que queriam?

Do mesmo modo que você não quer que alguém o responsabilize, mesmo que de forma inconsciente, a "pessoa 1", que você considera que está protegendo, também não deseja carregar o fardo de ter sido a razão pela qual você sacrificou seus sonhos e sua vida. Você provavelmente se reconhecerá como sendo também a "pessoa 1" na vida de outras pessoas, o que muitas vezes não gera sentimentos confortáveis.

Anote o nome da pessoa ou das pessoas para quem você desempenhou ou desempenha esse papel. Pode ser um membro da família, um amigo, um parceiro ou qualquer pessoa importante em sua vida, que pode ter nomeado você como motivo de ter renunciado a algo que queria por amor a você.

A intenção aqui não é que você sinta algum tipo de ressentimento pela "pessoa 1" que escolheu como motivo ou desculpa para suas decisões no passado. Da mesma forma, não se sinta culpado caso alguém acredite ter desistido de um plano por sua causa. Até agora, o objetivo principal era que você pudesse se identificar com a ideia de que nomear alguém como desculpa para não realizar algo não era a maneira mais nobre de lidar com a situação.

Você clareou que é superficial acreditar que quando você desistiu de seus planos no passado, foi por amor a outra pessoa, quando eu expliquei o que acontece com sua mente inconsciente e, também, como é a formação de uma crença. Agora você pode prosseguir com esta sessão e estar preparado para responder a algumas perguntas importantes!

Será que, superficialmente, quando você escolheu no passado a "pessoa 1" (ou aquelas pessoas), sua intenção positiva não era se autoproteger, em vez de proteger essa outra pessoa?

Quanto difícil teria sido, naquela época, enfrentar tudo, incluindo família, amigos, parceiro e colegas, e se sentir sozinho na busca pelos seus sonhos?

Sentir que não teria apoio de ninguém significa que você também não estava se apoiando. Você continua não se apoiando? Por que continua não se apoiando?

Quando falamos sobre abrir mão de algo por amor, isso não se limita apenas a outras pessoas, mas também por si mesmo. Pode ser totalmente novo pensar dessa forma, mas o convido a refletir sobre a possibilidade de renunciar a algo por amor a si mesmo.

É possível que você tenha desistido de algo ou adiado por amor-próprio. Talvez, naquele momento, você reconheceu o quanto seria difícil enfrentar aquela situação ou desafio sem o apoio incondicional de alguém, e você, no fundo, sentiu que não merecia passar por aquilo naquele instante. Então, na época, você nomeou esse obstáculo com o nome da "pessoa 1" a quem você amava profundamente, transformando-a em um código que representava o sacrifício dos seus próprios sonhos. Ou seja, foi um código para o fechamento de sonho, que você deu.

Agora que você já clareou isso e compreendeu as complexidades das escolhas feitas em nome do amor, talvez seja a hora de, movido por um amor verdadeiro e consciente por si mesmo, revisitar aquele projeto que ficou no passado. Ainda gostaria de incluí-lo na sua vida? Pode ser o mesmo projeto ou outro que faça mais sentido para quem você é hoje.

Quais ações você pode tomar nos próximos dias para dar início ou continuidade?

Lembre-se, esta é apenas a primeira sessão e as próximas irão explorar ainda mais profundamente as crenças, de forma ainda mais direta.

Convido você a assumir um compromisso consigo mesmo: o de se comprometer com a sua própria vida, colocando sua felicidade e autodesenvolvimento no centro de sua existência. Este será o primeiro passo para a transformação que você busca. O segundo é quando você reconhece e assume a responsabilidade nas escolhas passadas. Você está pronto para dar esse passo, olhar para a frente e se permitir crescer?

Te vejo na próxima sessão!

Sessão #2: Qual Tempestade Você Está Enfrentando Agora?

Imagine uma tempestade com chuva e vento muito forte, daquelas que causam desastres, enchentes e deixam muitas pessoas desabrigadas. Certamente, agora você se lembrou de algo assim que talvez tenha vivenciado ou visto na TV há algum tempo.

Agora, imagine que essa tempestade prejudicou você diretamente, lhe tirando tudo, até mesmo o lugar que você mora hoje. Faço o convite a associar essa tempestade que lhe tirou tudo a alguma situação difícil que já tenha passado em sua vida, algo que na época acreditou que não fosse resolver nunca, mas que já resolveu. Talvez um acidente sofrido, uma relação ruim, um emprego que detestava e não via a hora de sair daquele local, ou talvez um período de desemprego. Quando conseguir associar a sensação de desamparo que uma tempestade pode causar com uma situação na qual tenha se sentido igual, registre em seu caderno, resumidamente, quando e o que exatamente você enfrentou na época.

Perceba que a sensação é a mesma: a pessoa acredita que a chuva nunca vai passar, que não terá sua casa de volta, que a enchente levou embora tudo o que tinha e que nunca mais vai se recuperar novamente.

Foi assim que você se sentiu, certo? O contexto é outro, mas o sentimento de que nunca iria encerrar aquilo foi o mesmo.

Essa situação pessoal que você antes associou à tempestade, assim como quem passou por uma enchente e ficou sem forças de recomeçar, você também ficou sem ânimo e perspectiva na época, certo? Também acreditou que não iria ter forças para recomeçar, tampouco para reconstruir sua casa, que, neste caso, era seu emocional, carreira ou saúde física. Mas você recomeçou.

Mesmo com todas as dificuldades e perdas, as pessoas recomeçam e o tempo depende realmente de cada um. Alguns precisam de ajuda externa, enquanto outros, por si só, conseguem reconstruir suas casas e vidas.

Hoje você está com um problema na sua vida, podendo ele ser grande ou não, mas é uma dificuldade com a qual você está lidando. Por mais que não seja igual àquela tempestade que você enfrentou no passado, ainda assim, por alguns momentos, você acredita que não vai superar isso, e sim vai durar para sempre. Talvez você tenha pensado em desistir de tudo, acreditado que não vale a pena nem mesmo dar seguimento com as sessões. Mas agora vou convidá-lo a pensar de uma forma mais prática, de um jeito que você estará menos envolvido com essa tempestade.

Existe alguém que você admira muito. Uma pessoa que enxerga como sendo capaz de vencer qualquer coisa, talvez por considerá-la com habilidades de superação e *expertise*. Quem é a pessoa que você considera ser a mais inteligente, a mais forte? Escreva em seu caderno o nome dela.

Agora, quero que imagine como essa pessoa responderia às seguintes perguntas, considerando que ela estaria em seu corpo e com sua vida neste momento:

O que precisa acontecer para que essa situação se resolva? Anote essa resposta como "desfecho".

O que precisa ser feito antes do "desfecho" acontecer? Qual o passo anterior?

Você se sente sem força ou coragem no momento? Por quê?

O que você faria se tivesse força ou coragem? E motivação?

Você está sem motivação para recomeçar? Ou está sem coragem para iniciar?

Qual conselho você daria para quem estivesse passando por isso?

Como você se sentirá quando o "desfecho" acontecer, resolvendo tudo?

Talvez pensar em como se sentirá quando tudo isso resolver seja a motivação que lhe falta.

Visualize uma prateleira com um parafuso frouxo, que precisa ser apertado o quanto antes, para que ela não caia. Agora imagine que você assiste isso sentado bem à frente dessa prateleira, ou seja, você enxerga, presencia diariamente aquilo e pensa que "amanhã" irá apertar o parafuso que está frouxo. Mas, apenas quando a prateleira cai de fato é que você percebe que poderia ter feito algo antes, mas não fez. A sensação de ser responsável pela prateleira cair é pior do que o fato de a prateleira cair, inconscientemente.

Compreenda que, sem a prateleira, agora você não terá mais aquele apoio que tinha antes. Quem ou o que a prateleira representa em sua vida? E o parafuso?

De qual situação da sua vida você consegue se lembrar ao ler isso? Leia quantas vezes forem necessárias até se conectar com uma situação e registre em seu caderno, junto a essa metáfora.

Faz sentido para você que a coragem ou força para fazer algo e motivação para recomeçar aparecerão quando o medo de permanecer parado parecer mais insuportável que o de tentar? Ou seja, quando você ficar consciente, racionalizar sua responsabilidade sobre a situação. É claro, existem fatores externos sobre os quais você não tem controle, mas aqui estamos falando sobre o que você tem controle, mas a falta dessa clareza lhe tirou a sensação de poder.

Talvez você esteja esperando algo de pior acontecer, como a prateleira cair, para aumentar esse problema e, então, ser obrigado a resolver. Isso já aconteceu com você antes. Quando foi?

Já ouviu dizer que quando algo não funciona pelo amor, funciona pela dor? Quando você descobre o tanto que perde por estar parado, começa a caminhar. Quando percebe que a prateleira caiu, não tem jeito, você terá de agir. Terá de recomeçar.

O que faz você não apertar o parafuso antes de a prateleira cair?

O que faz você acreditar que é preciso esperar até o fim para agir?

A tempestade pode ser assustadora, mas também é temporária. Ao olhar para sua própria vida, reconheça que, assim como a chuva passa, seus desafios também podem ser superados. Agora talvez seja o momento de você se comprometer a enfrentar essas tempestades com coragem e, o mais importante, agir antes que a prateleira caia.

E se, a partir de hoje, cada vez que chover em sua casa você se lembrar disso e pensar que a situação pela qual estiver passando, seja ela qual for, assim como a chuva, vai também passar? E se, além disso, você pensar sobre qual parafuso está frouxo na sua vida?

Essas duas breves metáforas, da tempestade e do parafuso, podem prevenir muitas coisas. Se você tivesse lido isso antes, o que teria evitado? Reflita por alguns minutos e anote três situações que você reconhece e poderia ter evitado, antes de dar seguimento.

Por qual tempestade você está passando que acreditava que não iria finalizar?

O que você pode fazer essa semana para resolver essa situação, da melhor forma possível, usando todo seu potencial?

Caso esteja no pós-tempestade, qual será seu primeiro passo para reconstruir sua casa?

Qual habilidade você já possui, mas não estava utilizando?

Registre em seu caderno todas as respostas acima e reflita sobre toda essa sessão. Lembre-se, as tempestades podem até abalar as estruturas, mas também mostram suas próprias habilidades de superação. Sua capacidade de construção e reconstrução é maior do que imagina!

Sessão #3:
Há Quanto Tempo Você Não é Gentil com Você?

O que é perdão para você? Você considera fácil perdoar?

Às vezes, perdoar pode ser doloroso. Essa dor dura um tempo, mas vai amenizando pouco a pouco, até sumir. Quando não perdoamos, ficamos com a dor. E como ficar com a dor machuca até mais, perdoar parece ser o caminho mais curto para se livrar da dor, certo? O racional entende que sim, mas na prática não é tão simples.

Convido você a lembrar e registrar em seu caderno uma situação da sua vida que seja difícil de perdoar, que seja difícil de esquecer o que alguém fez para você e gerou essa situação. O foco aqui é o que essa pessoa fez que gerou o acontecimento posterior.

Agora, quero que reflita o que dói mais: lembrar-se sempre dessa situação e associá-la à pessoa ou lembrar-se da situação isoladamente sem ela, ignorando quem foi que causou? Escreva sua resposta.

Agora, anote o nome da pessoa a quem você mais ama e confia no mundo. Depois, o nome de um artista famoso ou personagem de quem você gosta muito.

Lembre-se da situação que você escreveu antes, o mesmo acontecimento, mas trocando o personagem causador pelo artista que escolheu antes. Isso mesmo: substitua a pessoa original pelo artista, mantendo a situação. Feche os olhos e visualize isso antes de dar seguimento.

Vamos aprofundar: agora visualize a mesma situação que lhe causa dor e que você não consegue superar, trocando a pessoa "causadora" pela pessoa que você escreveu antes, aquela que ama e confia muito. Sei que será difícil e que, para sua mente consciente, isso pode não fazer sentido ou parecer impossível. No entanto, convido você a se permitir experenciar isso. Após rever a cena, escreva suas observações.

Como você se sentiu após ver aquela pessoa que ama e confia fazendo aquilo com você? Com o artista foi diferente?

O principal problema, o que gera a sua dor, é a situação ou a pessoa? Você pode acreditar que ambos sejam, mas um deles é o que lhe causa uma dor específica e pode estar paralisando sua vida desde então. Clarear isso fará toda diferença.

Se substituir a pessoa causadora por alguém de quem você gosta não alterou sua sensação de dor com a situação, é porque a situação é o problema, pois você trocou o "personagem" e o fato seguiu inadmissível para você.

Mas, se após trocar o personagem, a situação ficou mais tolerável, convido você a considerar a possibilidade de se livrar dessa dor, ultrapassando essa pessoa. Se ela fez algo tão difícil de transcender, é possível que já tenha causado problemas antes, é provável que ela já tenha criado outras situações antes, para você ou para outras pessoas.

É hora de pensar sobre como resolver isso, que pode estar lhe causando travas em sua vida, provavelmente na mesma área da situação ocorrida.

Estamos falando sobre superar e não perdoar, você percebeu?

Embora algumas pessoas acreditem o contrário, quando perdoamos não apagamos o que a pessoa fez ou deixou de fazer. Não temos o poder de apagar nada nas vidas dos outros, e, infelizmente, nem mesmo nas nossas. Se você tivesse essa habilidade, provavelmente usaria em seu próprio benefício. Talvez usasse para apagar o que passou, e, sem essas lembranças, sua vida seria diferente. Não creio que apagasse da vida do outro o que ele fez, o isentando de suas responsabilidades, ou isentaria?

E você, sobre qualquer coisa que fez no passado e considera um erro, talvez se arrependendo até hoje, acredita que, se tivesse o poder de apagar isso de sua memória, você faria? Acha que, ao apagar suas lembranças, estaria isento das responsabilidades futuras? Para quem acredita em lei do retorno, carma, justiça divina, simplesmente na espiritualidade ou Deus, a resposta para as perguntas anteriores será a mesma: ainda que apagasse a memória de quem fez algo, essa pessoa seria cobrada pelo que fez.

Para descontrair, quantas vezes você fez uma compra no cartão de crédito e, mesmo tendo se esquecido disso, quando chegou a fatura teve que pagar? E quando compramos uma peça de roupa e guardamos, nos esquecendo de usar por semanas, isso faz com que não tenhamos que pagar? Não. Da mesma forma, quando compramos algo que gostamos muito, ainda se usarmos essa peça diariamente, a fatura do cartão cobrará apenas uma vez. Ou seja, lembrando ou não, usando ou não, sempre pagamos a conta no final.

Clareando agora, não temos o poder de deletar ações passadas com nossa "falta de memória" ou perdão, bem como não conseguiremos enfatizar nada apenas pelo fato de não esquecer um fato ou não perdoar alguém, certo?

Abordamos antes sobre não perdoar gerar dor e que ficar com a dor também machuca, logo, perdoar seria o caminho mais curto para se livrar da dor. Quando acreditamos que perdoar é uma ação externa, passamos a guardar sentimentos que nos travam. O verdadeiro perdão, aquele que realmente importa, é o autoperdão. Não se trata de perdoar o outro externamente, é sobre você.

Quanto tempo você está carregando essa dor apenas por ter acreditado que, se perdoasse, estaria apagando e isentando o que a pessoa fez?

A conta vai chegar igual, você não sabe como o outro se sente, e nem se a fatura já chegou. Mas quem vem sofrendo mais com isso tudo? Há quanto tempo você está deixando de ser gentil com você?

Antes de superar alguém ou uma situação, é preciso se perdoar. Essa dor que você sente é porque se permitiu passar por aquela situação, com aquela pessoa. Talvez porque você tenha se decepcionado consigo mesmo.

A situação passada e o que a pessoa causadora fez pertence a ela. Se ela for realmente culpada, quem deve receber a fatura é ela, não você. Quem deve se preocupar não é você. Pode ser que você estivesse segurando aquela fatura até hoje, para acumular juros, e talvez só agora, com sua permissão, aquela fatura será enviada. O que você precisa fazer, internamente, para se desprender disso e enviar a fatura? Reflita e anote em seu caderno um pequeno gesto interno, uma nova postura que você se compromete a assumir a partir de agora.

Faz sentido que não foi aquela pessoa, e sim você que deixou de ser gentil consigo mesmo, depois daquela situação? Convido você a clarear agora: quem você precisa perdoar, afinal?

Além daquela pessoa e situação, outras passaram pela sua vida e mudaram sua essência. Você evoluiu, e muito, com tudo isso, tenha certeza disso! Foram muitos aprendizados que moldaram você em quem você é hoje, porém, no passado existe uma pequena parte sua que foi quebrada e você não permitiu mais juntar os pedaços, deixando de ser gentil consigo mesmo desde aquele dia. Qual pedaço seu nunca foi recuperado? Um sorriso, um sonho...

Perdoar-se é um ato de gentileza. Qual atitude de gentileza para consigo você pode tomar agora para demonstrar que se perdoou e está disposto a adquirir uma nova consciência sobre essa situação e virar essa página?

Seja gentil com você hoje!

Sessão #4: Qual Agradecimento Faltou Você Receber?

Hoje em dia muito se fala em gratidão. Parece que a antiga palavra "obrigado", que sempre ouvimos e usamos, se tornou menos importante ou até mesmo errada, não é? Se você agradecer alguém dizendo "obrigado", pode aparentar que não é tão grato quanto se dissesse "gratidão". Você tem essa sensação? Ainda que não seja pela escolha da palavra, você já passou por algo assim de agradecer e parecer que a pessoa achou pouco?

Quantas vezes você agradeceu algo usando a palavra "obrigado" e era de coração? Acredito que muitas!

Quantas vezes você foi grato a alguém e não pôde dizer? Qual foi a última vez que foi grato e não pôde agradecer? Anote em seu caderno uma situação em que você sentiu vontade de agradecer, mas não pôde, por algum motivo.

Talvez, a pessoa não estivesse mais próxima ou você apenas não teve coragem de falar com ela. E não saber como falar com alguém que fez um bem enorme para nós é algo bem comum, mais do que você imagina.

Convido você a agora pensar em alguém que tenha dito lhe algo meio rude e, naquele momento, você cortou relação com a pessoa, ou foi se afastando aos poucos. Essa pessoa disse algo que você não gostaria de ouvir. Pode ter sido em uma demissão, um término de relacionamento ou uma discussão com um parente ou amigo. Escreva resumidamente essa situação em seu caderno.

Será que hoje, tempos depois, você consegue ver aquela cena com outra perspectiva? Havia alguma verdade naquilo que a pessoa disse? Qual teria sido a intenção daquela pessoa? Teria sido apenas intenção negativa, ou havia uma pretensão além, que, diante do calor da ocasião, não foi possível enxergar?

É claro, existem maneiras de expressar opinião e aconselhar, mas nem sempre conseguimos falar as coisas que sentimos da melhor forma. Isso nos faz parecer grosseiros ou, até mesmo, querer o mal de quem nos escuta, ainda que nossa intenção seja bem diferente disso. Quantas vezes você tentou alertar ou proteger alguém, e, ainda assim, saiu como sendo uma pessoa ruim, torcendo contra?

Aquela pessoa só queria seu mal ou estava tentando alertá-lo sobre algo futuro, algo que você passou novamente depois?

Se você tivesse dado a devida atenção na época, de coração mais aberto, sua vida hoje estaria diferente?

O que teria feito de outra forma para seu crescimento emocional? E para seu crescimento em geral?

Que outras situações você teria evitado?

Muitas vezes, ignoramos as críticas e preferimos aquele amigo que passa a mão na nossa cabeça e está ao nosso lado nos apoiando em qualquer coisa que falamos. Mas, a verdade é que quem nos critica, geralmente, não está na implicância, mas vendo algum potencial em nós que nós mesmos não enxergamos. Sabe por que isso acontece? Porque é mais fácil recebermos um carinho falso do que uma bordoada verdadeira.

Por que será que somos assim? No momento do atrito, estamos obstinados a vencer e não a perder, seja a discussão, seja a razão. No momento em que mais deveríamos ouvir e ser humildes, para estarmos em condições de ter uma posição de valor, é como se nosso ego tomasse conta e nos fizesse dizer coisas querendo apenas vencer o outro. Nesse momento, vencer parece mais importante do que ser feliz.. E vencer não significa ser feliz.

Você prefere vencer ou ser feliz? Embora uma coisa não dependa do contrário da outra, nem sempre elas andam juntas. Isso mesmo: vencer e ser feliz nem sempre caminham lado a lado.

Você já escolheu desistir ou quis perder algo, e depois se sentiu fracassado pela escolha que fez? Crescemos com a informação de que vencer e persistir são o certo, e quem perde e desiste é fraco e errado. Assim como quem reconhece seus erros pode parecer humilde para nosso racional, no fundo também é visto como alguém fraco, perdedor. Mas a verdadeira virada de chave está em reconhecer onde erramos, para assim não precisarmos manter aquele erro, repetindo-o, apenas para validar que somos "perfeitos" e vencemos sempre.

Quantas vezes temos de decidir entre desistir e persistir? Diariamente! Você já parou para pensar que desistir também pode trazer leveza e felicidade? Seja um trabalho que não lhe faz mais bem, um relacionamento ou uma ideia que lhe faz mal. Sim, acontece de insistirmos em coisas que nos trarão infelicidade, e fazemos isso apenas para vencer. Você já identificou situações em que insistiu apenas para manter uma ideia antiga e vencer no que tinha se proposto, mas ficou muito infeliz quando alcançou o objetivo?

É importante clarear isso para tirar proveito de situações passadas, usando isso em situações futuras, garantindo assim um progresso em direção a novas perspectivas, que é o intuito desta sessão.

Você já tentou ajudar alguém, e essa pessoa não permitiu? Quando foi? Agora quero que se lembre de um momento em que foi você quem disse algo "ofensivo", porém a pessoa foi quem se afastou, porque não compreendeu o que você disse, não identificou seu propósito e verdadeira intenção ao falar aquelas coisas. Anote o nome da pessoa e a sua intenção.

Assim como você não conseguiu agradecer à pessoa que falou aquele monte de coisas para você naquela época, faz sentido para você que, depois de algum tempo, essa pessoa, que ouviu muito de você, também tenha percebido o ocorrido e querido lhe agradecer, mas não sabia como?

A sensação não é das melhores, mas sentir essa gratidão dentro de seu coração é mais importante do que se preocupar em escolher como dizer ou quais palavras usar. Não estou me referindo a você utilizar gratidão ou obrigado, mas, sim, sobre qualquer outra forma de agradecimento que poderia direcionar à pessoa.

Não devemos ser gratos apenas a pessoas que não estão mais próximas, devemos agradecer à vida, à família, às pessoas com quem convivemos (até mesmo as difíceis de conviver), porque é por intermédio delas que você cumpre sua jornada e está tendo seus aprendizados.

São essas pessoas que estão ali diariamente ajudando você a evoluir, auxiliando em seu autoconhecimento, gerando desafios e proporcionando que se torne uma pessoa melhor, assim como você, que também é instrumento de Deus ou do Universo, na vida dessas pessoas.

Não importa se você agradecer uma dessas pessoas com as palavras "obrigado" ou "gratidão", pois o que verdadeiramente importa é sentir isso fluir de dentro e transmitir, seja por meio de um olhar caloroso, seja de um gesto de bondade direcionado à pessoa em questão. Alguns até optam por manifestar sua gratidão doando seu tempo ou contribuindo financeiramente para alguma causa beneficente.

Reflita e escreva dez coisas pelas quais você é grato hoje.

Agora, sabendo racionalmente reconhecer seus erros, embora exista uma informação contrária inconsciente, é o que fará a sua virada de chave, liste cinco situações pelas quais você pode não ter expressado gratidão no passado, pois considerou serem coisas ruins que aconteceram a você. Hoje, sabe que essas experiências, aparentemente desagradáveis, trouxeram oportunidades e alertas que, embora não tenham sido aproveitados naquela época, você tirará maior proveito delas hoje, ao reconhecer e esclarecer essa perspectiva.

Deixo como desafio extra você agradecer pessoalmente a três pessoas especiais e que são próximas a você, apenas por fazerem parte de sua vida!

Sessão #5: Quem Está Desmotivando Você?

Há alguma coisa que você quer muito fazer, mas não se sente motivado a iniciar? Escreva em seu caderno o que é.

Se puder colocar em uma escala de 1 a 10, quanto verdadeiramente você quer fazer isso (1 = nenhuma motivação e 10 = motivação máxima)?

Nos últimos 30 dias o que vem desmotivando você? E quem? Descreva tudo o que o desmotiva a fazer o que quer, assim como pessoas envolvidas. Após descrever, circule em seu caderno e nomeie o circulado como "coisa".

Se sua resposta foi acima de 7, é porque quer realmente isso, e é importante aprender a lidar com tudo o que gera desmotivação em você. Para iniciarmos o enfrentamento dessa "coisa", é importante que você tenha clareza do poder que ela tem sobre você. Pode acreditar que essa "coisa" é um motivo nobre (e até pode ser, em alguns casos) ou, talvez, uma situação que você não está conseguindo enfrentar ou superar.

Ter clareza do fato de que você não está conseguindo lidar com isso sozinho é importante, assim como saber que essa situação está desmotivando-o a ser quem quer ser e quem pode ser.

Em experiência de atendimentos por mim realizados (e não estou dizendo que este é seu caso), muitas pessoas nomeiam a desmotivação com o nome do esposo, filho ou chefe, em vez de perceberem que o que falta, na verdade, é engajamento ou apoio externo. É diferente de você precisar de alguém que lhe dê apoio para fazer alguma coisa (dieta, trocar de trabalho, etc.) de haver alguém que o desmotiva. Vamos clarear isso para compreender melhor a "coisa"!

A pessoa que desmotiva é aquela que vai contra tudo o que você fala ou faz. Por exemplo: você diz que vai iniciar dieta e, de repente, a pessoa que nunca saía com você, o convida para ir à sua pizzaria favorita. Você fala que vai trocar de trabalho e aquela pessoa que sempre demonstra estar feliz com tudo lhe diz que o país está em crise e que não seria um bom momento. Resumindo, se há alguém no seu convívio que sempre parece estar mais feliz e melhor do que você, sempre indicando que suas escolhas e ideias de melhorias não são boas e darão errado, essa pessoa está realmente desmotivando você.

Gosto muito desta frase do filósofo Friedrich Wilhelm Nietzsche: "Não me roube a solidão antes de me oferecer a verdadeira companhia". Sempre me chamou atenção porque acredito que, quem não contribui com algo, tampouco soma na vida dos outros não deveria sequer iniciar uma conversa. Mas isso não se aplica na prática como deveria. Somos nós quem devemos fazer esse filtro e evitarmos contar nossos planos para quem é desmotivador profissional.

Conseguiu identificar seus desmotivadores? Reflita e escreva cinco pessoas que você considera que o desmotivam.

A pessoa que não o apoia é aquela sobre quem você tem uma expectativa e ela nem sabe disso. Por exemplo, você quer fazer dieta e mora com sua amiga; ela segue a rotina normal dela, sem entrar na dieta com você. Mas você não perguntou se ela poderia apoiá-lo, nem se gostaria de fazer junto, por achar que ela compreenderia, percebendo por conta própria. Nesse caso, ela não tem conhecimento dos seus planos e não teria como apoiar, mesmo se quisesse. Outro exemplo de alguém que não o apoia é a pessoa que fica neutra com o que você diz, porém não interfere. Então, não é correto elencarmos essa pessoa como "desmotivador profissional", porque ela apenas não está nos apoiando como gostaríamos. Anote cinco pessoas que são neutras em sua vida.

Além desses dois tipos de pessoas, temos também o apoiador nato. É aquele amigo ou parente que sempre apoia você em tudo. Se você estiver na chuva, precisando de carona ou de uma indicação de emprego, essa pessoa será a primeira em quem você pensará. É provável que, se fizer um convite a essa pessoa, ela tope fazer mudanças na rotina dela para apoiar você. E mesmo se ela não puder fazer essas mudanças, ainda assim, não estará torcendo contra você, como no exemplo dos desmotivadores profissionais, tampouco ficaria neutra; pelo contrário, ela ficaria triste por não poder participar. Conseguiu identificar quem são seus apoiadores? Anote quem são os cinco maiores apoiadores que você tem.

Agora reflita por alguns minutos e escreva o nome de cinco pessoas de quem você é um apoiador nato.

Sobre quem desmotiva você ou é neutro na sua vida, o que essas pessoas deveriam fazer para que você considerasse que o estão apoiando?

O que elas deixam de fazer? O que fazem de errado?

Agora que você sabe a diferença entre quem desmotiva você, aqueles que são neutros e os seus apoiadores, quem você considera seu maior apoiador ou não?

É possível que você se considere seu maior desmotivador. E isso acontece porque existe uma voz interna que desmotiva você diariamente, tirando sua coragem, fortalecendo seus medos, não lhe permitindo ser você mesmo. Essa voz não deixará você descobrir novos talentos, nem utilizar as habilidades que já tem para fazer mudanças em sua vida. Ela vai sussurrar que não vai dar certo e dar força e poder para aqueles desmotivadores profissionais que você escreveu antes. Ela vai seguir alimentando-os sempre que você fizer algum comentário para qualquer um deles e incentivará você a ouvi-los mais do que seus próprios apoiadores.

Se eu perguntar novamente "quem está desmotivando você?", sua resposta não será mais aquela "coisa" que circulou antes, mas, sim, você mesmo. Mas, se você é a "coisa" agora, o que faz você torcer diariamente para dar errado? Isso parece incongruente, certo?

Como se sente ao clarear que existe um medo gigante dentro de você para fazer qualquer mudança, e que esse medo faz você decidir escutar essa voz interna, assim como buscar conselhos ou amizade, justamente com quem vai desmotivar você, apenas para validar sua voz interna, alimentando e engordando o medo já existente?

Existe alguma coisa que você quer muito fazer, mas não tem motivação. Iniciamos a sessão falando disso, mas será que ainda faz sentido para você?

Será que você ainda deseja muito isso, ou era outra coisa que, na hora, acabou ocupando seus pensamentos? O que você realmente quer fazer, mas não consegue, por falta de apoio?

Antes, você escreveu o que as pessoas desmotivadoras ou neutras fazem de errado. Releia essa anotação e veja se você costuma replicar essas coisas consigo mesmo. Depois, liste o que você faz de errado e o que deixou de fazer.

O que você pode melhorar em si mesmo para se tornar seu maior apoiador?

Qual será sua maior motivação para continuar sendo seu maior motivador?

A próxima sessão vai clarear outros aspectos que vão auxiliar você ainda mais nisso!

Sessão #6:
Como a Gabriela Afeta Sua Vida?

Você deve estar se perguntando "quem é essa Gabriela?" e eu já vou lhe explicar! Assim como você, cresci ouvindo sobre as pessoas terem qualidades e defeitos, e quando me formei *Coach*, uma das coisas mais simples, e difíceis ao mesmo tempo, foi transformar meu *mindset* sobre isso.

Aquilo que eu anteriormente considerava uma qualidade, passei a reconhecer como um ponto forte, e o que costumava rotular como defeito, passei a encarar como pontos de melhoria. Além disso, aprendi que não somos definidos por esses aspectos, mas, sim, convivemos com eles em determinados momentos. Essa compreensão foi uma das transformações mais significativas que vivenciei desde então.

Já imaginou olhar-se no espelho e, em vez de ver as coisas que você não gosta como defeitos, enxergá-las como oportunidades de melhoria?

Olhar-se no espelho e não ver aquilo que você detesta como defeito é muito difícil, mas passar a racionalizar como ponto de melhoria é muito pior! Quando enxergamos algo que não gostamos como uma oportunidade de melhoria, isso traz a responsabilidade para nós, e não é nada confortável.

Embora a nova visão de acreditar que aqueles defeitos, digo, pontos de melhoria, não me representavam e não definiam quem eu era, mas ainda estavam presentes naquele momento. Eu precisava racionalizar que eles não eram eu. Isso é libertador na teoria, mas, na prática, pode machucar muito se você não sente e vive de acordo com esse novo pensamento.

Isso aconteceu comigo, e acontece com qualquer pessoa que passa por um processo de transformação mental, assim como será com você ao realizar cada sessão. Mesmo quando a nova teoria veio de um estudo profundo que fez sentido para você, ainda assim pode não ser tão simples aplicar e viver de acordo com aquilo. É por isso que nesta sessão explico um pouco como aconteceu minha virada de chave. Isso poderá lhe inspirar a criar outros métodos próprios que funcionem para você.

Conforme os dias passavam, por mais que eu soubesse toda teoria e como deveria pensar, ainda ouvia aquela voz dentro da minha cabeça que parecia fazer questão de falar o contrário. Iniciei um diálogo interno, e cada vez que ela gritava de dentro a palavra "defeito", eu gritava de fora "pontos de melhoria". Isso foi fazendo com que aos poucos eu fosse doutrinando minha mente, justificando os benefícios em ver as coisas dessa forma. Então, consegui perceber que, em algumas semanas, aquela voz não contrariava mais o novo aprendizado, por compreender de forma profunda quão transformador seria essa nova forma de pensar.

Defeito costuma parecer algo permanente, irreparável, uma característica que parece impossível de mudar. Por outro lado, os pontos de melhoria são aquelas áreas e habilidades que precisam melhorar, mas não são inatingíveis.

Embora assumir essas áreas como pontos de melhoria traga autorresponsabilidade, motivo pelo qual a mente inconsciente inicialmente resistia reconhecer, após minha persistência, essa resistência foi superada. Foi quando comecei a sentir um bem imenso, motivo pelo qual eu estou compartilhando esse episódio com você hoje.

Assim como eu tive dificuldade em mudar meu *mindset*, é natural que você também tenha. É muito mais fácil ficar com a dor conhecida a arriscar uma felicidade desconhecida. Parece frase pronta, mas vai além disso. Guarde toda essa história na sua memória, pois a usaremos em breve!

Nós nos habituamos a uma vida de conforto e conformismo com efeito *Gabriela* ("Eu nasci assim, eu cresci assim, eu sou mesmo assim, vou ser sempre assim, Gabriela, sempre Gabriela" - trecho da música "Modinha para Gabriela", composta por Dorival Caymmi e notabilizada na voz de Gal Costa.). Logo, é difícil perceber que nossos pontos fortes e pontos de melhorias só dependem de nós mesmos.

Qual seu maior ponto forte hoje? O que lhe faz ter orgulho de si mesmo, aquilo que só você tem ou faz com excelência?

Tenho certeza de que você tem bem mais de um ponto forte, então anote agora mais quatro pontos fortes seus, totalizando cinco.

Feito isso, agora pense um pouco no seu maior ponto de melhoria, mas não escreva ainda. Aquilo que pode parecer impossível mudar e que dá preguiça só em pensar. Sua vontade é permanecer no estado atual, mesmo que isso lhe cause alguma insatisfação, porque você sabe que mexer nessa questão o tiraria da zona de conforto, ou seja, da ferida conhecida, para uma situação desconhecida.

Isso já o atrapalhou muitas vezes, por isso talvez você já teria conseguido uma promoção no seu trabalho se tivesse se desafiado a melhorar, talvez teria dado um "*up*" no seu relacionamento, ou teria mais amizades se esse ponto não fosse assim. Falo sobre aquilo que você sabe que sua vida poderia mudar 100%, se você conseguisse melhorar só 10% desse aspecto em si.

Esse seu ponto de melhoria é algo que atrasa você. Por acreditar tanto que o "efeito Gabriela" existe, que é normal ser, estar e se sentir assim, além de gerar uma acomodação confortável em sua mente, você acaba por não tentar melhorar nem os 10% que mencionei antes. Então, qual é esse ponto de melhoria? Agora, reflita e escreva em seu caderno.

Você anotou cinco pontos fortes antes e apenas um ponto de melhoria agora. É impossível, matematicamente falando, que os cinco pontos fortes sejam menores do que seu ponto de melhoria, que é apenas um.

Hoje, convido você a enfrentar a Gabriela que existe aí dentro. Mas sei o quanto é difícil: a Gabriela parece uma leoa, ela enfrenta dizendo que você não vai conseguir, que é melhor desistir e vai, sim, tentar sabotá-lo de muitas formas!

Conforme compartilhei minha história, com o tempo, aprendi que, se quando tentamos enfrentar a Gabriela querendo mudar 100%, tendemos a falhar.

A Gabriela o conhece desde que você nasceu e ela tem provas, baseadas em experiências antigas e reais, de que você não irá conseguir transformar o que gostaria da forma que quer fazer, porque das outras vezes ela o "ajudou", incentivando você a continuar da forma que estava. Cada vez que aceitou que ela comandasse sua vida, você a alimentou mais e mais.

O que você pode fazer agora para enfrentar apenas 10% da Gabriela?

No meu caso, foi uma luta diária. Escrevi as vantagens de sentir e viver de acordo com aquelas novas informações, ainda que trouxessem autorresponsabilidade. Você pode replicar o que eu fiz ou criar um método que lhe faça mais sentido, mas é preciso fazer alguma coisa agora. Do contrário, a Gabriela vai rir de você mais tarde e convencê-lo a parar qualquer transformação futura, desistindo de coisas pendentes e fazendo você acreditar que não vai conseguir nada.

Qual mudança, de apenas 10%, você pode fazer ainda hoje para já transformar esse seu ponto de melhoria?

Como pode validar isso diariamente para a Gabriela?

Qual habilidade, qual o ponto forte, entre os cinco que você selecionou, que você já possui e pode usar para se ajudar nisso?

E se você usasse os cinco? Você pode!

Talvez, faça mais sentido ainda se você passar a chamar essa voz pelo seu nome, respondendo, de forma firme, que você reconhece que ela venceu algumas coisas no passado, convencendo e sabotando você, mas que agora as coisas serão diferentes.

Clareamos o que esse ponto de melhoria pode melhorar em sua vida. Considerando que você agora é seu maior apoiador, o que pode fazer para não se esquecer mais disso?

Sessão #7:

Seu Eu de Amanhã Terá Orgulho do Seu Eu de Hoje?

A pergunta é simples, mas não é tão confortável respondê-la: por que, afinal, você no futuro teria orgulho de você no presente? Tanta coisa a ser feita, resolvida, tantas oportunidades não aproveitadas.

Se eu o desafiasse a fazer algo totalmente inovador hoje, o que me responderia? Talvez responda que hoje parece não ser um bom dia para fazer alguma coisa desafiadora ou realmente importante. Por motivos de rotina, você se sente cansado. Quem sabe amanhã você possa iniciar algo diferente, mas hoje não vai conseguir, não é? Mas quando o "amanhã" chegar, existe grande chance de você responder: "Hoje, na verdade, tenho coisas a resolver, mas semana que vem terei mais tempo para fazer aquilo que, se eu fizer, realmente me deixará orgulhoso de mim". Esse e outros pensamentos similares passam pela sua mente agora. Talvez não na sua mente consciente, mas, sim, na mente inconsciente. Esta ficou buscando mil motivos coerentes para convencer sua mente consciente e fazer você acreditar que não poderia fazer mudanças significativas agora.

Mas por que acontece essa resistência a mudanças? Existem diversos motivos racionais para isso. Nosso inconsciente é especialista em fornecer justificativas que nos levam a ter dias semelhantes aos outros, sem grandes avanços ou destaque. Afinal, conquistar algo requer sair da zona de conforto, e essa, sem dúvida, não é uma tarefa simples, seja na imaginação ou na prática.

Isso piora quando tentamos mudar drasticamente uma situação, da água para o vinho, de um dia para outro. O fracasso do passado faz com que você tenha hoje medo ou insegurança de fazer mudanças, de tentar de novo. Ou seja, uma tentativa do passado que não deu certo, ou um exemplo de alguém próximo a você que tentou algo e deu errado, faz hoje você temer se arriscar.

Pode ser uma dieta que você tentou por um tempo, mas não deu resultado, uma empresa que você tentou abrir e deu errado, mudança de carreira, um pedido de demissão que fez ou deixou de fazer, uma briga no seu relacionamento por algo que você suportava há anos e decidiu falar tudo num dia, fazendo com que isso não encerrasse como gostaria. Enfim, alguma situação em que foi dado um passo significativo, mas já era tarde para remediar ou tentar fazer dar certo.

Conseguiu identificar uma situação assim? Certamente existem várias, porque nossas vidas são feitas de tentativas, e é normal algumas darem certo e outras, não. Mas são todas essas tentativas de coisas que não deram certo no passado que fazem você se sentir inseguro ao pensar em tentar coisas novas. E você está certo: sua mente acredita que se já tentou isso e deu errado, as chances de isso repetir são grandes.

Convido você a refletir o quanto isso altera sua própria personalidade, seus sonhos, suas atitudes. Quem iria julgar você se fracassasse? Escreva o nome de cinco pessoas que o julgariam.

Será que o medo de dar errado não é menor do que a vergonha, a falta de coragem de se olhar no espelho após sentir que fracassou?

Você se considera com uma boa reputação? Talvez você pense que as pessoas não têm nada para falar de você. Embora pense isso, acreditando ser bom, na verdade, este pode ser o problema-chave!

Faz sentido para você que quem quer ter uma boa reputação não cresce? Pois está tão preocupado com os outros que deixará de fazer coisas que levariam ao crescimento, seja financeiro, seja em outras áreas. Você tem medo de perder sua reputação? Ou de mudar sua reputação? O que de pior poderia acontecer?

Quem muito quer ser aplaudido não se expõe. Para ser aplaudido, é preciso se arriscar e fazer algo de diferente, algo que gere resultados em alguém. Requer exposição e, para isso, você arriscará sua reputação, ainda que não tenha uma.

O quanto disposto você está em arriscar seu nome, sua reputação e a de sua família em tentar algo novo? Entre 0 e 10, considerando que 0 significa nada de disposição para ousar e 10 representa uma grande coragem em fazer isso hoje, qual sua capacidade em aventurar-se?

Pode ser que sinta um grande orgulho de ter vivido uma vida como você viveu até aqui, e isso é muito bom. Porém, por dentro, quem é muito orgulhoso costuma ter medo do julgamento alheio e poderá viver travado, não conseguindo fazer muitas coisas diferentes do que já fez até agora.

Consegue perceber como uma coisa está ligada a outra? Medo da exposição, medo de julgamentos. Mas sabe qual é o pior julgamento de todos? O seu. Tudo o que você fez até agora, quem você foi, o trouxe até onde e como você está, e isso não tem como deletar.

Esse julgamento que você se faz, lhe faz mais bem ou mais mal? Ele lhe permite ou bloqueia? Liberta ou prende você?

Existem medos que você possui e que afetam sua personalidade, que não lhe permitem ser quem você é, nem quem você quer ser. O que quero propor a você não é fazer grandes mudanças hoje, nem fazer isso da forma que você sempre fez antes. Mas, para isso, precisa clarear alguma situação que considera que fracassou no passado e que até hoje tem medo de tentar novamente. Pode ser qualquer coisa, de qualquer área. Anote essa situação antes de darmos seguimento com algumas perguntas.

O que você fez e como fez isso? Como tentou? Qual método ou ideias usou? Foi influenciado a fazer dessa forma ou tudo partiu de você?

Na época do ocorrido, você tinha certeza do que poderia acontecer? A resposta para essa pergunta é "não", você não sabia. E está aqui a diferença! Hoje, embora ainda não tenha certeza, você se conhece mais do que naquela época. Sabe que fazer daquele jeito não dará certo.

Faz sentido para você que se fizer daquele jeito, novamente, a probabilidade é de que o resultado será o mesmo? Então, acredito que não ir com tanta pressa seja o mais indicado. Não estou encorajando você a repetir erros nem tentativas já destinadas a darem errado. Minha intenção aqui é fazer com que você tenha orgulho de si mesmo e não se considere um fracasso, como já aconteceu antes. Embora não estejamos planejando nada (não ainda nesta sessão), quero que seu eu do futuro orgulhe-se de você hoje. Nosso foco aqui é o momento presente.

O que vamos clarear, principalmente, hoje é: se você, agora, der o primeiro passo em direção ao que tanto busca, e isso poderá ser algo bem pequeno mesmo, talvez imperceptível aos outros, sem risco de afetar sua reputação, com zero riscos de julgamentos, no dia seguinte, você estará mais orgulhoso de si mesmo, apenas por ter iniciado.

Então, qual o primeiro passo que você pode dar hoje em direção ao que tanto quer em sua vida? O que você precisa fazer para que seu eu do futuro olhe para o dia de hoje com sentimento de satisfação?

Pode ser um passo tão simples quanto colocar seus pensamentos e desejos no papel, começar a organizar suas ideias e, mais importante, permitir-se assumir o compromisso consigo mesmo.

Se seu eu do futuro pudesse olhar para o que você fez hoje, qual é a ação, por menor que seja, que faria com que esse eu do futuro se sentisse orgulhoso? Grandes realizações começam com a coragem de dar o primeiro passo. Hoje, você está plantando a semente do orgulho que colherá amanhã!

Sessão #8: Qual Dificuldade Está Dominando Você?

Pense agora na sua maior dificuldade. Seu maior obstáculo. Aquela situação ou pessoa que está lhe causando preocupações, irritações, desmotivação, algo ou alguém que tira ou muda seu foco sempre que você está disposto a fazer alguma coisa importante. Anote em seu caderno essa situação e pessoa que você considera sua maior contrariedade, seu maior bloqueio.

Se eu lhe perguntasse agora: "por que essa dificuldade está ganhando tanto espaço dentro de você?" Você saberia responder o motivo de ela ter crescido tanto?

Certamente, você já ouviu falar que toda dificuldade que nos é ofertada ou desafiada também pode ser vencida. Agora quero lhe sugerir substituir a palavra dificuldade por oportunidade.

Já experimentou superar um desafio e provar a si mesmo que era capaz de vencer? É uma oportunidade de sentir orgulho de suas conquistas. Mas como pode esse mesmo desafio, com poder de despertar esse sentimento tão bom, ser o mesmo que paralisa você?

Veja o exemplo de uma pessoa que atendi: ela queria muito um relacionamento, mas não gostava de ninguém o suficiente, não se apaixonava e dizia sofrer muito por não amar alguém. Quando questionada, ela se mostrou não disponível a se dedicar a uma pessoa nova, a se encaixar em horários novos para encontros. Ela queria alguém pronto, com ideias muito similares às dela, pois não tinha paciência de ensinar nada, com muitos motivos fortes para afirmar isso. Isso significava que a pessoa nova teria que caber na vida dela, sem ela fazer concessões. Ela queria muito um relacionamento, desde que essa pessoa viesse do jeito que ela esperava e ela não tivesse que adaptar nada em sua rotina, gostos e sonhos.

Toda escolha traz com ela uma renúncia. Adultos sabem disso, mas crianças não suportam a ideia de deixar algo para trás, pois querem tudo. Mesmo que a conquista seja algo fantástico, ainda assim, a criança não está disposta a abandonar nada, mesmo que seja algo ruim. Crianças são apegadas a ideias e não suportam perder. A criança que habita dentro de você, ou seja, seu lado infantil, está apegada a uma ideia e essa ideia não é óbvia, nem associada diretamente à dificuldade que você está passando hoje, porém ela afeta sua vida totalmente.

Quando você não está disposto a ceder em nada, não se arrisca, nem quer transformações em sua vida, isso significa que não quer vencer essa situação. Não, se tiver que deixar algo para trás, e sempre terá!

O que você achou da história da minha cliente?

Como você se vê em relação à disposição de fazer concessões ou renunciar a certas coisas para alcançar algo que quer, como relacionamentos ou carreira?

Ela não estava disposta a editar sua vida para a chegada de uma pessoa nova, mas a pessoa teria que estar disposta a se encaixar na vida dela, totalmente. Parece justo para você, vendo de fora? Ela não se sujeitaria a renunciar uma só coisa para ganhar outra, que ela acreditava querer tanto. Quando ela clareou e reconheceu que estava apegada a uma ideia, entendeu o motivo de estar sozinha há tanto tempo e que isso sempre havia sido uma escolha, mesmo que não racional.

Você já se sentiu infeliz, incompleto, acreditando estar sem poder de escolha em alguma área da sua vida?

E o que aconteceu quando percebeu que essa sensação estava relacionada a uma ideia antiga que já não fazia sentido? Como você recuperou o poder de fazer escolhas alinhadas com quem você é hoje? Vou compartilhar como aconteceu com minha cliente, e que também pode acontecer com você.

Após muita conversa, ela se lembrou de que cresceu em uma família na qual sua mãe passou a vida abrindo mão de si mesma para todos, e ela tinha pavor em abdicar de qualquer coisa em sua vida por medo de ser igual à mãe. Ou seja, ela estava apegada à ideia de rejeitar qualquer pessoa a quem precisasse se dedicar, pois considerava que isso a faria renunciar a si mesma. Ela tinha feito uma promessa, ainda criança, para si mesma de nunca ser igual à sua mãe.

Qual é a maior dificuldade que você está enfrentando atualmente e acredita que pode haver alguma ideia ou promessa do passado contribuindo para essa situação?

Até aquele ponto, tudo tinha dado certo para ela, porém ela realmente sentia falta de um companheiro, por isso trabalhamos esse aspecto. E quanto a você, já se encontrou em uma situação semelhante à da minha cliente, em que uma ideia ou promessa do passado estava impactando negativamente suas escolhas e decisões atuais? Certamente sim.

Consegue perceber como ela se esforçava para não gostar nem se envolver com alguém, mesmo acreditando o contrário?

Compartilhei a história dela para servir como uma metáfora em sua vida, e você poder também clarear algum medo, um julgamento ou uma ideia à qual esteja afeiçoado. Existe uma promessa que você se fez em algum momento, e que é preciso esforço para mantê-la. Contudo, por mais que você tenha se habituado a viver dessa forma, isso hoje o machuca. Essa ideia, certamente, acompanhou você desde a infância e ela é o motivo real de você hoje acreditar que existe um problema dominando sua vida.

Conseguiu clarear qual é a ideia? Separe alguns minutos, reflita sobre isso o mais profundamente que conseguir. Se precisar, releia o exemplo da minha cliente. Depois, anote em seu caderno, detalhadamente.

Para clarear ainda mais, vamos trazer essa metáfora para sua realidade, em um passo a passo. Primeiramente, pense na maior dificuldade que enfrenta hoje. Em seguida, reflita sobre o porquê de ela ter crescido tanto? O próximo passo é transformar seu *mindset* para ver essas dificuldades como oportunidades. Você aprendeu nas últimas sessões como fazer tudo isso. O que é "novo" para você é identificar as ideias antigas ou promessas que moldaram suas escolhas atuais, mas, assim que fizer isso, precisará estar disposto a renunciar essas crenças e, principalmente, fazer concessões. Após clarear tudo isso, você precisará refletir sobre como suas escolhas foram influenciadas pelo passado. Reconheça a relação entre ideias antigas e bloqueios atuais. Use este passo a passo sempre que se sentir bloqueado em algo ou como se não tivesse poder de escolha. Transfira esse resumo para seu caderno.

Agora você já percebeu que o desafio que está enfrentando em sua vida não é necessariamente o problema real, e que essa situação está enraizada em uma ideia ou promessa que fez sentido em algum momento para você, mas que agora não faz mais. Talvez exista um medo de perder algo, se resolver essa situação. Reflita sobre a possibilidade de fazer uma mudança para que essa situação não continue a sabotar sua vida. O que você precisa deixar de lado? Qual ideia veio acompanhando você até aqui que precisa deixar ir?

Novamente, qual ideia ou promessa antiga pode estar influenciando essa situação e como você pode deixá-la ir?

O que pode fazer hoje para que essa dificuldade não seja, dentro de uma semana, um obstáculo para você?

Após clarear a ideia ou promessa que manteve e reconhecer como ela afeta sua vida, é hora de agir. O que você pode fazer hoje para começar a se liberar dessa ideia e transformar a situação que tem bloqueado seu progresso?

Quais oportunidades para mudar essa situação você estava recusando, apenas para manter a ideia ou promessa antiga?

O que você tem a perder se pensar diferente? E o que você tem a ganhar?

Saiba que só em gerar essa reflexão interna, apenas com o fato de clarear isso e reconhecer, seu inconsciente já vai trabalhar para lhe trazer muitas possibilidades de oportunidades, mesmo enquanto você dorme!

Com esta sessão você deu um passo importante para recuperar sua sensação de poder de escolha e atitudes. Este foi o primeiro passo no processo contínuo de crescimento que você está e utilizou todo o conhecimento obtido até aqui.

Hoje, você aprendeu uma maneira eficaz para clarear as ideias e promessas que podem estar moldando suas ações, e agora possui um passo a passo para tomar decisões alinhadas com quem você é de verdade. Sempre que se deparar com uma dificuldade ou bloqueio em seu caminho, lembre-se deste passo a passo que anotou. Nas primeiras vezes pode ser dificultoso e demorado aplicar, mas conforme praticar, ficará mais fácil identificar esses padrões.

Lembre-se de que você agora possui as informações para tomar decisões alinhadas com quem você é de verdade, e elas estarão sempre à sua disposição, prontas para serem usadas!

Sessão #9: Quem Você Pensa que é?

Quando você se olha no espelho, sua imagem está refletindo quem você é? Quando se encontra com outras pessoas, o que elas falam sobre você reflete a imagem que você vê de si mesmo? É a mesma pessoa ou parece que eles falam sobre outra pessoa – e não de você? Acredita que eles falam de você melhor do que sua autoimagem, ou pior?

Muitas pessoas percebem que a imagem que os outros têm delas não coincide com a que veem refletida no espelho. Quem parece estar mais certo: as pessoas ou seu espelho de casa?

A resposta é: ambos estão corretos. Seu espelho reflete sua autoimagem, quem você pensa que é, da forma como você se enxerga. E as pessoas enxergam você como elas querem enxergar, da mesma forma que você fez. Isso mesmo: você se enxerga como você quer enxergar.

Então, é possível sim você pesar 50 quilos e se enxergar no espelho com o dobro disso, cem quilos. Da mesma forma, é possível você acordar com muita disposição, feliz, se sentindo lindo, e ao chegar no trabalho, todos acharem que você está ótimo, que rejuvenesceu dez anos em um dia! Se você estiver com uma presença e visão interna positiva de si, será mais provável que as pessoas o percebam bem.

No exemplo anterior, se você estiver pesando 50 quilos e se olhar no espelho enxergando que está com 100 quilos, e se sua visão for negativa, isso afetará sua energia interna, emitindo, assim, ao mundo externo que está mal. Mas uma pessoa com cem quilos que se sente bem com seu peso, talvez se sinta grande e forte, estará sendo admirada por todos, porque isso refletirá em como ela se declara para o mundo, como se sente internamente.

Isso acontece porque, frequentemente, projetamos nossa condição emocional interna para o externo. Se alguém não está se sentindo bem, mas tenta disfarçar isso, pode conseguir mascarar seus sentimentos por um tempo. A tristeza e outros estados emocionais negativos podem começar a transparecer na expressão facial e linguagem corporal, mesmo que inicialmente a pessoa tente mascará-los. Já a felicidade é algo que tende a ser mais difícil de esconder, sendo percebida quase que imediatamente!

Sentir admiração por nós mesmos é algo que devemos fazer, mas colocar essa ideia em prática, às vezes, é mais desafiador do que deveria ser. A maior dificuldade está em aprender a cuidar de nós mesmos. Sem isso, não é possível conquistar admiração externa, porque ela dependerá exclusivamente de haver admiração interna, antes. Não significa que pessoas bem-sucedidas e muito admiradas não se enxergam com pontos de melhoria ao se olharem no espelho, porém elas reconhecem os pontos fortes que possuem também.

Para se ver com esse olhar mais amplo e realista, é necessário abraçar a si mesmo e as escolhas passadas que o levaram até onde chegou. Por pior que esteja seu dia, certamente existem dádivas que estão sendo esquecidas.

Qual a maior bênção que você tem hoje em sua vida?

O que você tem ignorado em sua vida, que deveria valorizar?

Qual habilidade você possui, mas não utiliza? Talvez não tenha usufruído de si mesmo até agora, apenas por ter uma imagem distorcida de si.

Clarear isso tudo vai abrir um novo ciclo de autodescoberta para você. Não importa o que tenha acontecido ou feito no passado, seja anos atrás ou ontem, talvez tenha chegado a hora de ter uma postura diferente em como lidar consigo mesmo. Você sente que esse momento chegou?

Para isso, será preciso ouvir-se mais, apoiar-se e ficar do próprio lado, tanto para decisões passadas quanto para as futuras.

Qual a decisão mais difícil que você teve que tomar até hoje? Houve arrependimento? Faria diferente?

É possível mudar o passado? Ainda não descobri como mudá-lo, mas sei que podemos sempre nos basear nele para escolhas futuras mais assertivas.

Essa nova consciência requer liberdade. Liberdade para ousar, sem julgamentos. Para isso, você terá que lidar com as consequências das novas escolhas, mas sem culpa nem apego às experiências passadas.

Quando somos crianças, caímos diversas vezes até aprender a caminhar. Mas quando crescemos, se caímos uma vez, nos culpamos da tentativa e já desistimos! Já pensou se pensássemos assim antes de completar 1 ano de idade?

Esse tipo de desistência é o que nos impede de sermos livres, gera uma culpa inconsciente e, consequentemente, suja e pesa nossa autoimagem.

Convido você a fazer um exercício de aproximadamente 60 segundos: vá até seu espelho, pode até usar a câmera frontal de seu celular, se quiser. Olhe-se nos olhos, enxergue-se de verdade, e tenha pensamentos positivos a seu respeito nesse momento. Pense frases positivas sobre si e, se puder falar em voz alta, diga suas conquistas, suas habilidades mentais e sobre seu rosto e corpo físico. Apenas depois de registrar como foi a experiência, dê seguimento para o final da sessão.

Havia alguma resistência ou autocrítica enquanto fazia o exercício?

Quais habilidades a pessoa do espelho tem e estavam sendo ignoradas?

O que você percebe que sentiu por si mesmo?

Foi fácil ou difícil encontrar coisas positivas a dizer sobre você?

Essa nova visão de si mesmo será capaz de abrir um novo capítulo na sua vida, pois quando você melhora sua autoimagem inconsciente, focando e cuidando mais de você, do seu mundo interno, você se admirará mais, terá mais orgulho de si mesmo.

Depois de tudo que você clarificou, consegue perceber mudanças em sua consciência? Sua forma de pensar mudou, não apenas por essa sessão, mas somando com as sessões anteriores. Cada uma trouxe você até aqui.

Como você pode incorporar mais pensamentos e sentimentos positivos sobre si mesmo no dia a dia?

Talvez faça sentido, sempre antes de tomar banho, dar uma pausa de 60 segundos no espelho e ter essa conversa. Ao adotar esse hábito por várias semanas consecutivas, você estabelecerá uma rotina verdadeiramente transformadora!

Falando nisso, quais são as pequenas mudanças internas que você já observou após as sessões iniciais? Anote em seu caderno.

Isso é importante para você não desistir e se manter firme nesse caminho de adquirir uma nova consciência.

Você é quem você pensa que é. Quem você quer ser de hoje em diante?

Sessão #10: Qual a Pior Coisa que já Aconteceu com Você?

Qual foi a situação mais desafiadora que você já enfrentou? Aquela que até hoje, quando você lembra, vem uma sensação ruim. Essa situação é de um passado recente ou distante?

Geralmente, situações que geram impacto negativo grande assim são relacionadas com perdas. Talvez, tenha sido a perda de um ente querido, uma demissão ou um rompimento. Também acontecem brigas ou outras contrariedades que não levaram a perdas diretamente, mas colateralmente. Escreva em seu caderno a sua situação.

Frequentemente você pensa nisso, ou é algo que não faz parte da sua rotina? Anote também se havia outras pessoas envolvidas e qual sua relação com elas hoje. Existe mágoa de sua parte sobre essas pessoas, ou a situação em si foi pior do que a participação dessas pessoas? Em caso de uma perda, escreva o que você considera que perdeu, descreva a emoção que sentiu na época e o que sente hoje. Se você perdeu um ente querido, pontue a falta que isso lhe faz.

Quando passamos por um cenário assim, costumamos ver apenas o lado negativo, e realmente é difícil pensarmos com lucidez sobre o fato na hora em que está tudo acontecendo. Muitas pessoas perdem até mesmo a fé em Deus, saem de igrejas e mudam radicalmente a vida após algumas circunstâncias. Isso é mais comum do que você pode imaginar.

Independentemente da sua fé, uma coisa é fato: ninguém quer orar e receber uma cruz de resposta, certo? E quando isso acontece, nos decepcionamos com quem responsabilizamos. Pode ser alguém próximo a você, como pai, mãe ou até mesmo Deus.

Crescemos ouvindo que Deus está do lado do bem, então acreditamos que o que tanto queremos é o "bem" e que Deus estará ao nosso lado, que vai dar tudo certo, ou seja, tudo acontecerá como esperamos. Mas quando refletimos um pouco, olhamos para nossa vida e as coisas que não deram muito certo, para as perdas e injustiças, não é difícil questionarmos "esse" Deus.

Deus abandonou Jesus quando estava na cruz? Ele orou tanto para aquilo? Como Jesus se sentiu lá? Se Jesus pudesse responder à pergunta sobre a pior coisa que aconteceu para ele, o pior momento que ele viveu, o que ele responderia? Convido você a pensar sobre tudo isso e escrever sua opinião antes de dar seguimento.

Acredito que Deus não abandonou Jesus um só segundo. O problema está no fato de interpretarmos a cruz como sendo algo ruim, uma punição! Então, é racionalmente lógico pensarmos que Deus abandonou Jesus ao permitir que acontecesse algo assim.

Existe um inconsciente coletivo que nos faz ter uma similaridade quando estamos numa situação pessoal, com nossa própria cruz no dia a dia e nos sentimos abandonados também, comparando-nos inconscientemente com Jesus na cruz, abandonado pelo próprio Pai. Quantas vezes você se sentiu assim?

Isso acontece porque não conseguimos ver as coisas com um olhar holístico, principalmente na hora que acontecem!

Você já pensou que, talvez, a cruz para Jesus fosse o melhor que poderia estar acontecendo naquele instante? Quando estamos passando por um cenário negativo assim, é difícil acharmos que aquilo é melhor para nós naquele momento. Por esse motivo, iniciei o assunto abordando sobre ninguém querer orar e receber uma cruz como resposta. Resumindo, nós queremos orar e receber os pães, peixes e vinhos, de preferência já multiplicados!

Agora, trazendo o assunto para sua realidade, considerando que a cruz são os seus problemas, quando você pede algo, está, da mesma forma, esperando receber a solução. Mas a solução resumida, já pronta, do jeito que você está imaginando. Se está precisando de dinheiro para pagar um gasto inesperado, você ora e espera receber esse dinheiro de alguma forma misteriosa, talvez um sorteio ou um aumento surpresa no trabalho.

Porém, quando seu colega lhe oferece para participar de um "bolão", você é o primeiro a negar, se seu chefe lhe pede uma ajuda para fazer uma tarefa nova, você reclama pela "exploração". Cada "não" que dá, como nesses exemplos, são negativas para possibilidades de ganhos extras. Quem sabe se você participasse daquele "bolão" teria sucesso, ou se ao executar a tarefa que seu chefe pediu, sem reclamar, ele pudesse ver seu sorriso no rosto e o promoveria após aquilo?

Agora reflita sobre as seguintes perguntas, individualmente, escrevendo as respostas em seu caderno:

No caso de Jesus, sabemos a história final e os ganhos que ele teve, por ter cumprido o caminho completo. Mas e você, será que vem dizendo "sim" para todas as possibilidades em seu caminho?

Às vezes, estamos acostumados a reclamar sobre o que temos, visando algo que gostaríamos que fosse diferente e deixamos de experenciar a vida e as oportunidades que ela nos dá. Você está experenciando a vida ou apenas seguindo uma rotina?

Você acredita que, sobre essa pior coisa que lhe aconteceu, você tirou todo proveito possível de aprendizado?

Qual aprendizado você teve com essa situação?

O que hoje você faria diferente se tivesse essa oportunidade?

Qual seria sua reação quando tudo começou? Você teria feito as mesmas coisas ou lidaria com aquilo de uma forma diferente?

Considerou-se impulsivo naquele momento, ou acha que esperou demais para tomar uma atitude diante daquilo tudo?

Agora convido você, independentemente de sua religião ou crença, a pensar o seguinte: o que Deus (ou o Universo, a melhor parte que existe dentro de você) tentou lhe proporcionar, permitindo que vivenciasse aquela situação?

Pergunto novamente: acredita que teve o aprendizado completo?

Acredita que essa força do Universo, que pode ser chamada de Deus, tem orgulho de você, pela forma que você lidou com aquela situação?

Sejam quais forem suas respostas, esta sessão é para que você tenha a seguinte certeza: hoje você é uma pessoa muito melhor que quando essa situação aconteceu.

Faz sentido para você que não houve uma conspiração cósmica contra você naquele momento, mas que a ideia original seria que você crescesse, evoluísse com isso tudo e tivesse um aprendizado, para poder utilizar depois?

O aprendizado não acabou naquele momento. Ele ainda acontece dentro de você, diariamente. Talvez a pior coisa de uma situação ruim seja não aprender o que deveríamos e passarmos novamente por algo similar tempos depois.

Certamente, há coisas que você passa em sua vida de tempos em tempos, como se fossem ciclos. Convido você a ver essas situações como novas possibilidades de evolução. Quando você compreender o que essa situação está lhe trazendo, será a última vez que passará por aquilo e não se sentirá dessa forma nunca mais, não por aquele motivo. Isso faz sentido para você?

A partir de agora, lembre-se de tudo isso quando houver alguma contrariedade em sua vida. Agora, você tem conhecimentos e uma nova forma de pensar sobre o passado, podendo usar para seu futuro, direcionando coisas com uma visão mais positiva e ampla.

Depois de todas essas reflexões, sobre tudo o que abordamos, o que você considera que aprendeu hoje?

Sessão #11: De Quem é a Culpa do Seu Fracasso?

Quem impediu você de ter a vida que sempre sonhou? Aquele sonho antigo, que de vez em quando volta à sua mente e você pensa: "se não fosse fulano, minha vida seria bem melhor, tudo teria sido diferente". Seus pais, sua esposa/seu marido, seu chefe, seu filho? Registre em seu caderno o nome de uma pessoa (ou talvez mais de uma, se for o caso) antes de dar seguimento com a sessão.

Sim, sei que colocar no papel pode fazer parecer que não é bem assim, pois fica mais forte quando temos que escrever o nome de alguém. Sua mente inconsciente está certa de que vou abordar que foram suas escolhas que fizeram sua vida ser como é, etc. Mas, quando ela nomeia no dia a dia alguém como culpado, convencendo você de que isso é verdade, desmotivando-o e desencorajando-o, parece estar tudo bem, não é?

Agora, sem autojulgamentos, nomeie alguém para ser responsável pelo seu fracasso. E tudo bem se essa pessoa for alguém a quem você ama muito e nem imagina as coisas que você deixou de fazer no passado, ou a vida que você teria tido se não tivesse sido ela. Na maioria das vezes, é assim mesmo que acontece. Inclusive, tivemos uma sessão sobre isso, como deve se lembrar!

Ao lado do nome dessa pessoa, anote "pessoa deletada".

Como se sentiu ao escrever o nome dessa pessoa como "pessoa deletada"?

Convido você a imaginar sua vida como poderia ter sido, caso essa pessoa nunca tivesse existido. E não importa que a escolha que você fez no passado tenha sido anos após ter conhecido a "pessoa deletada", ou logo no início (uma gestação, um namoro...). Quero que imagine que isso nunca aconteceu: que a "pessoa deletada" nunca entrou em sua vida. E se você nomeou seus pais, imagine que eles não estavam mais lá na época. Anote suas percepções.

Para clarear o que não aconteceu, o que você desejou profundamente, mas, por algum motivo e culpa dessa pessoa, foi impossível realizar? Escreva se foi uma faculdade, uma viagem, trocar de emprego, mudar de cidade, etc.

Podem ter surgido em sua mente outros sonhos da mesma época ou mais antigos. Quais outros objetivos você desejou profundamente, mas acredita que foram impedidos, em função dessa pessoa ou, talvez, de outras? Liste todos de quem se lembrar e, ao lado dessa resposta, eleja um como seu principal "sonho bloqueado".

Considerando que a "pessoa deletada" não existisse na época em que você quis realizar o "sonho bloqueado", o que você teria feito para realizar?

Descreva seu planejamento (independentemente de haver tentado isso ou não na época). Podem ser apenas os três primeiros passos que você faria para realizar seu sonho, na época.

Como seria hoje se você fosse pôr em prática o "sonho bloqueado"? Escreva os três primeiros passos que você faria se isso pudesse acontecer hoje.

Na hipótese de, na época, ter feito um planejamento ou iniciado algo, e o "sonho bloqueado" ter sido interrompido, cortado, tirado de sua vida, esse planejamento de hoje foi parecido com o seu daquela época? Ou você acha que teria mais condições de realizá-lo atualmente? Se sim, por quê?

Mesmo com todas as dificuldades, você não acha que hoje seria mais fácil realizar seu sonho, em razão de sua experiência e aprendizados?

Aquilo ainda faz sentido para você? Espere, ainda não responda a essa pergunta!

É bastante comum as pessoas terem um "sonho bloqueado". Embora eu tenha pedido que o sinalizasse assim, convido você a reconsiderar esse termo e substituí-lo por algo mais apropriado: "sonho adiado". Risque a expressão anterior e escreva por cima com letras maiores, enfatizando que, na realidade, esse é o nome certo!

Já tive a oportunidade de ajudar várias pessoas a transformarem a maneira como percebem o período que prorrogaram a realização do seu "sonho adiado". Ao enxergar como algo adiado, em vez de bloqueado, elas conseguiram dar início em seus objetivos de forma muito mais simples do que imaginavam ser possível. O bloqueio, na maioria dos casos, existia apenas na mente delas, pois acreditavam que o tempo havia passado e que as dificuldades continuavam as mesmas. No entanto, elas logo perceberam que as barreiras eram principalmente de natureza mental, não mais física.

Você conhece a história dos elefantes jovens que são amarrados a troncos pequenos e não conseguem se libertar? Conforme crescem, eles continuam a acreditar que não podem se soltar, embora tenham tamanho e força para fazer isso. O elefante preso ao tronco representa como nossas crenças limitantes nos mantêm presos, mesmo quando somos capazes de muito mais.

Como você se posiciona em relação à história do elefante preso ao tronco? Você também se sente dessa forma?

Assim como na história do elefante preso ao tronco, é comum termos crenças limitantes, que saem da nossa mente inconsciente para nos convencerem de que certas metas são inatingíveis em virtude de obstáculos que, com o tempo, se tornaram mais mentais do que reais. E como o elefante cresceu, essas pessoas também desenvolveram forças e habilidades para superar essas barreiras autoimpostas.

Existem crenças limitantes em sua vida que o fazem se sentir como o elefante preso ao tronco. Como será que essas crenças o afetam? Quando você não consegue racionalizar que hoje sua situação é diferente da época.

Ao contrário do elefante, você já percebeu que tem força e habilidade para superar suas crenças limitantes. Como pode reconhecer isso? O que você pode fazer para deixar claro para sua mente inconsciente que você não é mais aquele elefante jovem preso? O que você pode fazer para mostrar que pode sair dessas amarras?

Vamos abordar um pouco mais sobre a época que você não pôde realizar seu "sonho adiado" e a "pessoa deletada" influenciou. Nesse cenário, imagine-se como o elefante jovem, a "pessoa deletada" sendo quem o prendeu, e a corda que o prendia representando algum empecilho que você tinha na época, algo que limitava de certa forma a sua liberdade. Como você se sente ao ver as coisas sob essa perspectiva?

Você já parou para pensar que talvez a "pessoa deletada" estivesse limitando sua liberdade naquela época por algum motivo específico? O que você acha que poderia ter levado essa pessoa a agir dessa maneira? Qual a intenção dela? Como essa reflexão afeta sua percepção da situação?

Pode ser útil explorar as motivações por trás das ações da "pessoa deletada" e considerar se havia alguma razão legítima ou compreensível para o que aconteceu naquela época. Isso pode contribuir para uma compreensão mais profunda de como sua história se desenrolou e como você pode seguir em frente, virando aquela página.

Por exemplo, se naquela época não houve um grande planejamento, eu ousaria dizer que a "pessoa deletada" trouxe para a sua vida "luz". Quando nos encontramos em meio à escuridão, sem uma estratégia clara para alcançar o interruptor que iluminaria nossas ideias, planos e caminho, qualquer sinal de orientação é bem-vindo. E quando não sabemos ao certo o que procuramos, qualquer coisa serve.

A "pessoa deletada" pode ter desempenhado o papel de guia em um momento em que você estava se sentindo perdido. O que aconteceu no passado foi que ficou triste, desmotivado e não teve forças para lutar, não encontrou motivos fortes para seguir. Talvez, até agora, pode ter sentido medo em demonstrar suas fragilidades e tenha optado por fingir que aquilo não existia, considerando um "sonho bloqueado", não "sonho adiado", e, quando se lembrava dele, conformava-se com as explicações que sua mente inconsciente fornecia.

Sua mente inconsciente mantém um registro de situações que você classificou como fracassos, muitas vezes com base em avaliações superficiais de coisas que não saíram como o esperado por você. O que acha da possibilidade de reinterpretar esse "sonho adiado", incluindo outras situações semelhantes, de uma forma diferente? Você gostaria de mudar sua antiga interpretação?

Nomeamos antes como "sonho bloqueado", depois substituímos por "sonho adiado". Que tal agora chamarmos esses sonhos de "projetos em pausa"? Essa expressão pode representar a ideia de que, embora possam ter sido bloqueados e adiados um dia, ainda poderão ser retomados a qualquer momento.

O principal objetivo desta sessão foi clarear e confrontar diretamente seu inconsciente, de modo que, nas futuras vezes em que você explicar ou resumir um eventual fracasso pessoal, possa compreender as razões de maneira mais profunda, indo além das respostas superficiais que a mente frequentemente fornece. Também foi importante considerar como a "pessoa deletada" desempenhou um papel importante na sua vida, mesmo que você não tenha percebido na época. Como poderá chamar essa pessoa agora? Vou deixar essa tarefa para você!

Como você se sente em relação a esse novo ponto de vista? Como isso influencia sua visão sobre seu passado e seu futuro?

Nossa mente costuma nos dar mil pretextos para sermos fracos e ficarmos acomodados. Isso é uma proteção que acontece quando sentimos, no fundo, que não estamos prontos, mesmo que racionalmente estejamos esbravejando querendo tudo aquilo que não pudemos ter.

Pior do que não sabermos como nossa mente funciona é a falsa sensação de que já sabemos tudo. Isso nos leva a aceitar limitações que ficaram desatualizadas, como acontece na história do elefante. Conforme vamos estudando, aprendendo novas técnicas e experienciando a vida, estamos constantemente evoluindo. Portanto, manter o medo do "monstro embaixo da cama", ou nos limitarmos no pequeno tronco, não faz mais sentido.

Sobre a pessoa que, no início desta sessão, você responsabilizou pelo suposto fracasso, quero convidá-lo a enxergá-la de uma maneira diferente. Em vez de culpá-la, considere que ela pode ter sido a que, de alguma forma, revelou que aquilo, daquela maneira, talvez não fosse realmente o que você desejava naquele momento. De certa forma, ela acendeu a luz, mostrando que você ainda não estava pronto, assim como o elefante jovem não estava pronto também.

Quais são as vantagens de ser um adulto agora, em comparação com a época em que se sentiu sem liberdade?

O tempo passou e as coisas podem ser diferentes! Pegue seu caderno de anotações e registre uma dificuldade que você enfrenta atualmente, seja profissional ou em qualquer outra área da sua vida. Identifique as adversidades, contrariedades e o que mais o deixa insatisfeito nessa situação. Em seguida, defina metas ao descrever os três primeiros passos para solucionar esses desafios, considerando como você superou situações semelhantes no passado em que se sentiu de forma similar, agora com uma visão mais ampla de tudo.

A próxima sessão ajudará você a clarear melhor tudo isso. Por enquanto, mantenha a crença em sua capacidade de transformar em realidade "sonhos adiados" que ainda fazem sentido para você, assim como o elefante crescido que finalmente percebe sua força para superar suas antigas amarras. Analise o que ainda faz ou não sentido para você.

Embora no passado possa ter se considerado o responsável por supostos fracassos, agora é você mesmo quem assume a responsabilidade por seu próprio sucesso. Não é justo se cobrar pelo fracasso de coisas que você não quis realmente ou não quer agora. Reconhecer, colocando no papel tudo isso faz com que sua mente aceite a nova orientação e adquira uma nova consciência. Perdoar a si mesmo e aos outros por supostos fracassos passados é muito importante para seu crescimento pessoal. Isso permite liberar o peso do passado e abre espaço para novas oportunidades e realizações, mais coerentes com quem você é e quer ser.

Considerando sua vida até agora, com todas as lições aprendidas e crescimento pessoal alcançado, como você se sente em poder usar sua maturidade, liberdade e sabedoria atual?

Sessão #12: O que é Tarde Demais para Você Fazer?

Quem nunca disse que era tarde demais para fazer alguma coisa? Costumamos usar essa expressão sempre que, na verdade, queremos dizer que agora é muito difícil fazer tal coisa, sendo melhor deixar para lá e nos conformarmos com a infelicidade e insatisfação em não termos tal realização.

Acredite: você não é a única pessoa que pensa ser tarde demais para fazer alguma coisa. Tirar sua primeira CNH, por exemplo, uma viagem, festa de casamento dos sonhos, ir em busca do seu amor, iniciar dieta, finalizar um relacionamento que lhe faz mais mal do que bem ou ter aquela conversa que você sempre deixou para depois, e que agora é mais fácil deixar para lá porque "é tarde demais".

Talvez faça sentido para você pensar que "tarde demais" será daqui um ano, quando você olhar para um ano atrás (hoje) e dizer: "Ah, se fosse ano passado eu até faria, mas agora é tarde demais". Sendo assim, o que faz você achar hoje que "agora é tarde demais"?

Quando você pensa que é tarde demais, muitas vezes é porque outras prioridades surgiram, talvez vergonha em se expor ou medo de como sua vida vai melhorar caso faça uma mudança, acompanhada pelo receio do impacto que esta pode ter na sua vida. Sim, também é possível ter medo de uma melhoria, não apenas da possibilidade de piora.

É mais fácil se manter com uma ferida conhecida a se arriscar a cicatrizar essa ferida e talvez se deparar com outra, nova e desconhecida. Qual sua ferida conhecida? O que você tem a perder se cicatrizá-la? E o que você pode ganhar? Reflita um pouco sobre isso e registre em seu caderno.

Está tudo bem você ter esse medo, isso é uma forma de proteção. Isso acontece porque sua mente inconsciente sabe que, sempre antes de uma melhora, vem um desafio que, no passado, pode ter sido interpretado como uma piora ou exposição. Essa transformação é o que nem todos estão preparados. É o que faz alguns literalmente perseguirem seus sonhos e outros desistirem muito antes de "piorar", de fato. Você se identifica com essa situação?

Certamente já ouviu falar, ou até mesmo falou, de alguém que trocou de trabalho e "mudou", talvez alguém que ganhou uma alta quantia e, depois, "mudou". Será que você está pronto para ser essa pessoa que "muda"? Nesse exemplo, usei o dinheiro como instrumento do motivo da mudança, porém, aplique esse exemplo para outras áreas que fizerem sentido para você.

A verdade é que acreditamos querer uma transformação o tempo todo, mas não estamos dispostos a pagar o preço. Esse preço pode ser o afastamento de quem não acompanhar essa mudança, como parentes, amigos e até mesmo sua esposa ou seu namorado. Quando essas pessoas não acompanham uma mudança, não quer dizer que queiram nosso mal, mas que apenas não estão prontas. Assim como você não está pronto ainda, se uma pessoa de seu vínculo tivesse uma mudança impactante, por mais que você acredite que não mudaria nada dentro de você, é mais provável que algo mude. O que é natural, pois você está adaptado a uma rotina com essa pessoa, e qualquer alteração nesse costume vai gerar reflexões em você, sem compreender realmente o que essa pessoa teve de mudar dentro dela mesma para poder alcançar esse novo patamar.

Julgamento? Sim, é um tipo de julgamento. Mesmo que não seja de forma pejorativa, ainda é um julgamento. Ainda que você se sinta feliz pela conquista do outro, é inevitável pensar que você não estaria, primeiramente, acusando o outro de ter mudado após a oportunidade nova. Quando fazemos esse tipo de apontamento, estamos automaticamente dizendo para nós mesmos que nunca faríamos algo assim, como esse comportamento. Ou seja, literalmente, jogamos para o Universo a informação de que não queremos aquilo para nós.

Quando vemos um casal feliz postando alguma foto em rede social e julgamos que são apenas felizes ali, mas no particular não é assim, também estamos reprimindo oportunidades de podermos publicar nossas fotos alegres como casal, pois acreditaremos que os outros também pensarão a mesma coisa que pensamos. Por mais que você ainda consiga publicar uma foto, sua mente inconsciente vai lhe fazer se sentir um pouco mal sobre isso, e com o passar do tempo só vai piorando.

Assim também é com o profissional. Quando um colega recebe uma promoção para ser supervisor ou gerente, e, em sua nova posição, começa a agir de forma diferente com os antigos colegas, agora subordinados, aqueles que julgaram essa pessoa por "ter mudado" dificilmente vão querer ocupar um cargo similar, pois não querem ser o "mal falado que mudou".

Com esses exemplos, você pode perceber que tudo o que apontamos no passado acaba criando uma limitação futura para nós, fazendo com que não possamos ser livres e progredir, seja profissionalmente ou em outras áreas. E tudo isso começou no primeiro julgamento ou apontamento que fizemos, criando uma forma de comando para nossa mente inconsciente.

Qual a solução prática? Evitar ao máximo fazer esses apontamentos sobre os outros. Com o tempo, você vai percebendo que sua vida se tornará mais leve e você ficará mais permissivo consigo mesmo. Quando julgamos ou "apenas comentamos" sobre algo que o outro mudou em sua vida, isso nos tira a liberdade de mudar.

Isso pode nos trazer problemas muito sérios, inclusive na saúde. Já vi muitos casos, mas vou compartilhar com você agora um exemplo importante que tive de uma cliente, para ajudá-lo a compreender a importância de clarear tudo isso.

Ela tinha 29 anos quando me procurou, buscando orientação sobre seu relacionamento. Casada há mais de cinco anos e com um filho recém-nascido, estava muito preocupada pois seu marido havia se afastado dela desde a gravidez, sendo que antes eram felizes e ela sempre postava muitas fotos. Sua preocupação começou quando seus amigos perguntaram o motivo de ela não estar mais compartilhando em rede social sua rotina, pois ela costumava ser muito ativa.

Aquilo a machucou profundamente, pois sua rotina não era realmente a mesma. Com isso, observei alguns padrões: a rotina anterior, sempre muito ativa em rede social, a mudança de padrão após a gravidez e, o principal, sua dor pela cobrança dos amigos. Imaginar comentários maliciosos sobre as mudanças em sua vida particular após o nascimento de seu filho a torturava.

Em atendimento é necessário fazer uma investigação profunda. Nessa investigação, identifiquei um padrão familiar: sempre que uma mulher de sua família tinha filhos ocorria um divórcio no prazo máximo de um ano. Minha cliente chegou a me dizer: "é sempre assim, eu já sei que comigo não será diferente". Foi quando percebi a gravidade da situação: ela tinha ordenado a si mesma uma data limite para seu relacionamento, para se sentir pertencente à família.

Contudo, durante uma conversa longa, compreendeu que ela mesma estava gerando esse afastamento, pois descreveu como costumava ser e como modificou seu comportamento após o nascimento de seu filho. Então, percebeu que estava querendo ser igual às outras mulheres de sua família, pois sabia que achariam estranho, a ponto de parecer errado, caso ela não se separasse, como as demais.

Ela estava com um dilema sério: evitar que sua família falasse mal dela por ser a única que não havia se separado após ter um filho ou evitar que seus amigos falassem mal caso separasse?

Ao perceber tudo isso, me relatou que também sentia dores fortes de cabeça, as quais iniciaram na gestação e não sumiram. Mesmo após várias consultas médicas e exames, nada foi detectado. Perguntei se era comum também na sua família as mulheres terem essas dores e ela sinalizou com a cabeça que sim. Não precisamos falar nada, e só sorrimos uma à outra. Isso foi a quebra de uma crença, um basta à necessidade de pertencer e achar que isso é o "agradar a todos", pois não é. É o medo do que os outros vão falar se você se destacar.

Cerca de um mês depois, por conta dessas dores de cabeça, a cliente me contou que se lembrou de uma tia que sofreu de algumas doenças mais graves. Todavia, agora não passaria por aquilo com certeza, pois não havia sentido mais dores, assim como havia se permitido ser como era com seu marido, que ela amava muito, e ambos estavam melhores, mais próximos.

Embora ela ainda sentisse a necessidade de "dar explicações" àqueles amigos que queriam validar que seu relacionamento estava ruim, estava aos poucos equilibrando sua necessidade de aprovação, também deles. Ela refletiu sobre não se sentir confortável com alguns desses amigos quando estes falavam mal de outros para ela, então fez sentido acreditar que isso também acontecia quando ela não estava, que era o que gerava sua necessidade de validar que estava bem.

Por que contei tudo isso? Para você compreender que, seja qual for o motivo de seu "não", seja qual for a razão para você acreditar que é tarde demais para começar algo ou recomeçar, não é. Você só precisa saber o motivo real que o faz não dar um passo que gostaria. Qual é seu motivo?

Quem se afastará de você quando conquistar o que deseja?

Quem vai achar você "mesquinho" ou talvez fale de você pelas costas?

Minha intenção não é que se afaste das pessoas, nem que mude com elas, mas que reflita sobre quem impulsiona você de verdade e quem fala mal dos outros, quando estes têm um crescimento?

Será que você ainda precisa validar algo para essas pessoas? Por quê?

Clarear o que você quer é importante, mas saber o real motivo de não ter atitudes em direção ao que você quer é fundamental. O medo do "tarde demais" muitas vezes se manifesta em nossas vidas como desculpas para evitar ação. É comum usarmos essa desculpa quando algo é percebido como difícil, assustador ou incerto. Mas o verdadeiro "tarde demais" é apenas quando olhamos para trás sem agir no presente. Isso faz sentido para você?

No caso da minha cliente, não foi tarde demais para ela resgatar a essência do seu casamento, e por mais que ela achasse o contrário inicialmente, só dependia dela viver o momento presente, clareando o que a fez mudar.

Você não pode ficar contando para si mesmo a história de ser tarde demais, quando na verdade, tarde demais será daqui um ou dois anos, que é quando você vai olhar para seu dia de hoje, em que leu isso, e pensar: "deveria ter tido uma atitude naquele dia". Mas, na verdade, não o fez porque pensou que era tarde demais e usou isso como desculpa, quando não estava pronto para as pessoas verem seu resultado. Foi por isso que você não quis desafiar o "tarde demais" até agora.

A verdade é que o mundo não vai parar porque você vai mudar sua vida. O que vai acontecer é sua vida se transformar e, assim, você transformará o mundo a sua volta. Isso também desafiará as pessoas a julgarem você, e é exatamente o que você evita. Mas será que as pessoas já não julgam, fazendo ou não fazendo?

Ainda não é tarde demais. Mas, quanto mais tempo passa, vai ficando tarde demais na sua mente, pela vergonha que vai aumentando dentro de você, pela quantidade de pessoas que o cercam e nem imaginam de verdade quem você é.

Frequentemente, somos nós quem prejudicamos nossos próprios objetivos com pensamentos e comportamentos autossabotadores. Para superar isso, o primeiro passo é reconhecer quando estamos fazendo isso. Em seguida, é essencial entender a origem desses padrões, que geralmente se baseiam em experiências passadas ou crenças, como no caso da minha cliente. O terceiro passo é planejar corretamente e agir de maneira diferente do passado, e é isso que vamos começar a fazer hoje: desafiar o "tarde demais"!

Juntos, agora, trabalharemos na definição de metas específicas e alcançáveis, quebrando o seu objetivo em etapas menores e mais fáceis de lidar. Tudo dentro das suas possibilidades.

Para começar, faça uma lista em seu caderno numerada de 1 a 10. O número 10 representa seu objetivo final, aquilo que deseja alcançar. Escreva-o agora.

Em seguida, no número 9, anote o que você acredita que deve acontecer logo antes de atingir seu objetivo, o passo anterior. Continue retrocedendo, indo para o número 8 e descrevendo o pequeno passo anterior ao 9. Repita esse processo, retrocedendo até o número 1, que é seu ponto de partida e planejamento inicial: o dia de hoje.

No número 2, defina com clareza qual será seu próximo passo, incluindo detalhes e especificidades. Se achar necessário adicionar mais números à lista (como 2.1) para detalhar ainda mais seu plano, fique à vontade. Agora, anote essas informações em seu caderno de como traçar metas realistas, ainda que você acredite já saber, pois usará isso em sessões futuras.

Personalize este processo de acordo com suas necessidades. O mais importante é começar a criar seu planejamento agora, não mais tarde, porque o mais tarde se transformará facilmente em "tarde demais".

Lembre-se de que o sucesso não tem prazo de validade. Esta abordagem prática e a forma de fazer um planejamento que você aprendeu hoje permitirá que você divida seu objetivo em etapas menores e gerenciáveis, fornecendo uma visão clara do caminho que precisa seguir para alcançar o que deseja.

O que você fará hoje para superar o medo do "tarde demais"?

E agora, é tarde demais para iniciar o quê? Eu não sei sua resposta, mas tenho certeza de que não é tarde demais para ser você mesmo.

A próxima sessão o ajudará ainda mais nas suas próximas etapas. Encontro você nela!

Sessão #13: Onde está o Interruptor de Sua Vida?

Imagine que você está em um quarto fechado, completamente escuro e não enxerga nada, nada mesmo! As únicas coisas que você tem à sua disposição são seus pensamentos, dúvidas, medos e o desejo de ver alguma luz ou a saída.

Agora, vamos associar este quarto e essa sensação com sua própria vida. Imagine-se em sua rotina diária, quando, de repente, se vê diante de uma situação aparentemente sem saída. É como se sua vida fosse um quarto escuro, tendo somente seus pensamentos como companhia. Pense em uma situação do passado em que você se sentiu sozinho ou que ninguém poderia ajudá-lo. Qual situação você associou? Escreva em seu caderno.

Vamos chamar agora essa situação da qual você se lembrou de "quarto escuro". Talvez, você estivesse esperando alguém chegar e abrir a porta, uma pessoa que lhe indicasse o caminho ou invadisse o "quarto escuro" e levasse você para outro lugar totalmente diferente: um lugar claro, com perspectivas novas, longe de tudo.

Não existe certo ou errado nisso. Não é errado você querer ser resgatado desse quarto escuro e ser levado por alguém a um lugar melhor. Nem é errado querer alguém que o guie para que você possa sair. Nenhuma opção é mais correta que a outra, mas agora você precisa ter certeza de qual delas acredita ser a ideal para você.

Se enfrentasse a mesma situação hoje, você tomaria a mesma decisão que tomou no passado?

Quando estamos no "quarto escuro" e não sabemos onde está o interruptor ou a porta de saída, podemos esperar que alguém nos resgate, ou podemos ir tentando encontrar a saída por nós mesmos. Ambos os atos são difíceis, pois são desafiadores e geram desgastes. Para algumas pessoas, pedir ajuda pode ser muito difícil, porque sentem dificuldade em confiar, mas, para outras, buscar ajuda sozinhas é muito pior. A espera por alguém vir nos socorrer pode parecer deprimente e torturante até. Procurar o interruptor ou a maçaneta da porta, sem enxergar nada, também é difícil, mas existem diferenças básicas sobre a sua decisão que poderão influenciar sua vida, talvez para sempre.

Se você está buscando sozinho o interruptor, é bom começar tocando sem medo as paredes do quarto. Na parede, poderá haver coisas perdidas de seu passado, crenças profundas e dolorosas, e será preciso enfrentar tudo isso sozinho para que você encontre o interruptor. Será uma jornada de autoconhecimento profundo e eu lhe dou a certeza de que, após haver encontrado tudo o que precisa "nas paredes", você vai encontrar o tão sonhado interruptor, clareando tudo! Gosto de chamar esse caminho de "desbravamento solitário".

Se você está esperando alguém resgatá-lo, precisa saber que a pessoa responsável por isso, vai levá-lo para onde ela acredita ser bom e seguro: um local confortável para ela. E o que é bom para um não é necessariamente bom para outro. Se você estiver disposto a uma vida nova, sem apegos ao seu passado, isso pode até dar certo! Essa pessoa lhe trará uma vida nova, com certeza.

É preciso saber que se você está esperando alguém guiá-lo (o que é diferente de alguém resgatá-lo), essa pessoa o guiará de acordo com as experiências dela, por caminhos que ela conhece. Nessa escolha, também poderá ser necessário que você deixe coisas suas para trás, para experenciar um caminho novo, com novas maneiras de fazer as coisas. Você pode conseguir isso em várias formas terapêuticas (alguém para guiar você, mostrando novos pontos de vista, e auxiliá-lo), para você também estar preparado para o depois: quando acender o interruptor. Nessa opção, você mesmo é quem vai acender o interruptor, mas estará instruído a criar seu próprio caminho após isso.

Talvez, você esteja em um emprego que não o satisfaz mais, e sente que não consegue mudar a situação, por vários motivos. Você pode esperar que seu chefe, colega de trabalho ou outra pessoa o resgate, ou pode começar a buscar novas oportunidades por conta própria. Vamos ver se você compreendeu a ideia, neste contexto, você consegue perceber as opções?

Esse resgate vindo de seu chefe, por exemplo, pode ser uma promoção oferecida para você ou pode ser uma demissão, pois, da mesma forma, ele estaria tirando você da situação atual. Às vezes, queremos ser resgatados e imaginamos uma única forma, mas sempre existe mais de uma! Outra maneira de resgate seria um colega ou outra pessoa indicar você a outro emprego, mas não significa que você vai gostar do local ou cargo que ele indicou, pois, nesse caso, como você não controla o que o outro pensa, você também deixa de controlar para onde ele o levará.

A forma de você buscar outro trabalho por conta própria lhe tira dessa situação automaticamente, devolvendo o controle pela sua vida. Ainda que você possa ficar enviando currículos por três meses e esperando alguém chamá-lo para fazer uma entrevista, você não estará mais esperando alguém o resgatar ou indicar, porque você estará ativo. Compreende a diferença?

A opção de você encontrar um guia seria você buscar um caça-talentos, por exemplo, ou alguém de uma empresa de RH. Ainda que você escolha esse caminho, está no controle de sua vida, buscando o interruptor sozinho, pois o primeiro passo ao buscar esse guia quem fez foi você, por conta própria. Assim como estar nesta sessão agora pode ser outro ótimo exemplo como o "caminho da orientação".

Não importa sua escolha. O principal objetivo desta sessão é gerar uma reflexão para que você possa melhor selecionar seu futuro e saber o caminho que vai se apresentar após.

Se você estava escolhendo um caminho e não gostou de onde ele estava levando, ainda há tempo de voltar e começar novamente. Lembre-se: ambos estão corretos, apenas a escolha é sua.

Sobre a situação do passado que você lembrou, qual dos caminhos escolheu? O caminho em que alguém o resgatava, o caminho da orientação ou o caminho do desbravamento solitário?

Se fosse hoje, faria diferente? Como sairia do seu quarto escuro?

Anote em seu caderno qual foi o maior aprendizado de hoje e os três caminhos, para você sempre lembrar que tem opções disponíveis. Clarear isso hoje vai fazer uma grande diferença em sua vida.

Você já possui todo conhecimento de que necessita para sair do "quarto escuro" onde se encontra hoje. Busque respostas internas e, também, em seu registro pessoal de aprendizados sobre outras dificuldades que passou e analise. Pode ser um bom momento para reler suas anotações e refletir sobre sua evolução. Agora, a resposta está mais perto do que imagina!

Sessão #14: Quem Você Quer Trazer para Seu Mundo?

Pense em uma pessoa que você gosta muito e já quis ajudar. Alguém que você acredita ter um grande potencial de ser uma pessoa melhor, aproveitando mais as oportunidades, etc. Escreva o nome dessa pessoa em seu caderno de anotações e, ao lado, escreva "Pessoa 1".

Agora, vamos aprofundar um pouco mais sobre a "pessoa 1". Quero que veja a vida dela como o mundo pessoal dela. Escreva o que poderia melhorar nesse mundo, e como você poderia contribuir para ajudar, caso ela permitisse.

Não parece que o mundo dela seja tão completo assim, não é? Ela não merece um mundo melhor? Ela não merece que você mostre isso a ela? Pense em tudo o que ela poderia viver ao seu lado, tudo o que ela poderia crescer só por trazê-la para o seu mundo! Anote isso também.

Agora quero que pense em outra pessoa, mas, dessa vez, em alguém que você admira muito e acredita que a vida dessa pessoa é melhor ou maior do que a sua. Não se preocupe. Não estamos falando sobre inveja, mas, sim, de alguém que parece ter mais "sorte" do que você ou já batalhou muito para chegar aonde está hoje, e você a admira por isso. Alguém que você olha e pensa em como a vida dessa pessoa é boa, como ela parece ser feliz, embora talvez tenha já passado por algumas coisas difíceis, mas não desistiu e hoje parece que sabe ser feliz com excelência. Alguém que você admira tanto que, se pudesse, trocaria de vida com essa pessoa, nem que fosse por um dia apenas, só para ver como seria estar no mundo dela! Escreva o nome dessa pessoa e, ao lado, sinalize "mundo superior", pois é como vamos chamá-la.

Quando amamos muito uma pessoa e sabemos de todo o potencial de crescimento dela, acreditamos que ela poderia ser "maior" se estivesse mais perto de nós. Queremos literalmente trazê-la para nosso "mundo", fazer com que experimente nossa vida, conheça os lugares que conhecemos, perceba que nossos amigos são melhores do que os dela e frequente as mesmas reuniões ou eventos de que participamos. Consegue identificar alguém que você já tentou trazer para o seu "mundo" dessa forma? Foi o mesmo nome que escreveu para "Pessoa 1" ou identificou outra pessoa que faça mais sentido?

Caso tenha pensado em outra pessoa, anote também esse nome como "Pessoa 1" e tenha clareza de que essa pessoa você considera estar no "mundo inferior".

Agora o convido a pensar que, da mesma forma, você já foi e é a "Pessoa 1" de alguém. Sim, existe alguém que já tentou levá-lo para o mundo dela, mas você, por alguns motivos, recusou. Pense em alguém que via todo esse potencial em você e que acreditava que se o levasse para o "mundo superior" dela, o faria crescer e se desenvolver como ser humano. Mas você provavelmente não foi. Conseguiu associar alguém?

É importante que você compreenda que, estando corretas ou não, existiram, existem e existirão pessoas que consideram sua vida um "mundo inferior", quando comparam com o mundo pessoal delas. Pode ser desconfortável pensar nisso, mas é apenas uma percepção individual, não importando se é real ou não. É apenas o fato de que as pessoas são livres para sentirem e pensarem o que quiserem. E essa liberdade de pensamento fez com que essa outra pessoa achasse seu mundo inferior e quisesse levar você para o mundo dela.

E sabe por que você não foi para o mundo dela? Porque sua visão de "mundo superior" perfeito é diferente da visão do mundo perfeito dela.

Isso acontece também com a "Pessoa 1", aquela que você está tentando levar para seu mundo. Essa pessoa acredita que o mundo dela é melhor do que o seu. Não é ofensivo ela pensar isso, lembre-se da liberdade de pensamento. Sua sensação é de que ela não enxerga algumas coisas, você poderia ajudá-la e ela não percebe que poderia ser bem melhor se ela o escutasse. Mas do ponto de vista da "Pessoa 1", seu mundo pessoal é inferior ao dela, assim como aconteceu com a pessoa que já tentou levá-lo para o mundo dela e você recusou, provavelmente se afastando.

Caso você tenha se afastado, mesmo sem perceber naquele momento, existem algumas possibilidades para isso. Você acreditou que o mundo dela fosse menor ou viu que era realmente maior do que o seu?

Talvez, se você enxergava o mundo dela maior do que o seu, você não estivesse pronto para fazer uma mudança na sua vida, na época que aconteceu. E se viu o mundo dela sendo menor, acreditou que essa pessoa tentou fazê-lo regredir de alguma forma e você não quis por isso.

Nesse momento, não importa exatamente o que aconteceu. Cada pessoa tem uma vida, um mundo particular e uma visão muito única desse mundo pessoal, que é a liberdade de pensamento.

Se eu tivesse o poder agora de lhe oferecer entrar no mundo daquela pessoa que você admira e que chamamos de "mundo superior", você iria?

Estaria pronto para fazer todas as mudanças que ela faria em sua vida?

Lembre-se de que a pessoa do "mundo superior" teria uma espécie de *checklist* para você cumprir, e que, na opinião dela, seriam só coisas positivas para ampliar sua visão e vida. Imagine a pessoa do "mundo superior" tendo um *checklist* para você cumprir, como você se sentiria?

Você faria o mesmo com a "Pessoa 1", se tivesse a oportunidade? Sim, você faria exatamente o mesmo. Mas, por estar dentro da sua mente, você talvez não consiga perceber o quão grandes seriam as melhorias na vida dessa pessoa e o quanto isso impactaria a vida dela, do ponto de vista dela.

Cada pessoa tem seu ponto de vista e liberdade para tal, clarear e integrar isso pode verdadeiramente transformar sua vida, para sempre. Como você se sente ao reconhecer a importância de respeitar as perspectivas e a liberdade de pensamento de cada pessoa em sua vida?

Quando permitimos que o outro seja quem ele é, nos permitimos ser quem verdadeiramente somos, e isso é libertador em nível avançado. O que significa para você permitir que o outro seja quem ele é? Como clarear isso agora poderá fazer você se permitir ser verdadeiramente quem é?

Para finalizar, convido você a clarear novamente a Sessão #1, permitindo-se ter percepções diferentes desta vez. Apenas no final, reveja suas anotações da primeira vez. Anote como está o seu processo!

Sessão #15: Qual Abraço Você Não Aproveitou?

Quando você passeia num parque pela primeira vez, conhece uma cidade nova ou entra em um local que nunca entrou antes, o que você enxerga? Apenas um local novo ou você enxerga a essência desse local?

Quando você abraça um amigo, seus pais ou outra pessoa que ama, o que você pensa naquele momento? Você curte o momento do abraço ou apenas é algo rápido e corriqueiro para você?

Anote em seu caderno o nome de três pessoas, no mínimo, que você se lembra de ter abraçado recentemente. O que você pensou e sentiu naquele momento?

Talvez, você nem tenha tido esses momentos de abraço ultimamente. Já parou para pensar que esse abraço poderia ser o último que daria nessas pessoas?

Pensando nas mesmas pessoas que você mencionou anteriormente, imagine se o último abraço que você vivenciou com elas fosse o último. Como teria sido esse momento, se você soubesse disso? Consegue descrever? Anote.

E sobre alguém que você gostaria de abraçar, mas, por algum motivo, não pode? Se você tivesse a oportunidade de fazer isso ainda hoje, como você apreciaria e valorizaria cada segundo desse abraço, sabendo que é uma oportunidade única?

Pensando dessa forma, você dedicaria dez segundos extras nesse abraço? O que você faria de diferente?

Quando criança, meu sonho era ir aos Estados Unidos, e, dias atrás, parei para refletir sobre como perdemos certas oportunidades que não voltam mais. Em 2001, por causa do ocorrido com as Torres Gêmeas, por mais que eu fosse para os Estados Unidos, não teria mais a possibilidade de ver aquelas torres lindas. Pensando de forma rasa, simples e egoísta, para mim, é uma oportunidade que não volta mais.

Quantas pessoas tiveram o privilégio que eu não tive, de vê-las e não apreciaram, acreditando que "amanhã" as torres estariam lá novamente? Mas não estavam. Fiquei pensando em turistas que estavam lá no dia anterior, passeando, felizes, fazendo *selfies,* etc. E, aprofundando, pensei também em quantas pessoas estavam lá dentro no momento do impacto. Gente em suas rotinas de trabalho, outros fazendo uma entrevista de emprego, sonhando com seu futuro trabalho ou uma segunda chance em suas vidas. Muitos não tiveram essa segunda chance.

É comum acreditarmos que não temos uma segunda chance, mas, diante desse exemplo, você consegue perceber que eles não têm realmente, e você apenas se sente sem motivação de tentar uma segunda chance? Talvez esteja cansado de sua rotina, responsabilidades e coisas que faz por obrigação, mas sem querer fazer. Pode achar que não tem tempo ou que na sua vida não haverá outra possibilidade, mas você tem muitas, sim!

A vida está repleta de momentos únicos que, se não forem apreciados, podem se perder para sempre. Quantas vezes deixamos passar despercebidos os pequenos momentos de alegria e as oportunidades?

Quem você não está valorizando, por estar perto de você diariamente, mas amanhã pode não estar?

Quem pode não estar mais lá quando você for visitar?

Conforme você reflete sobre a importância de valorizar os momentos únicos da vida e as pessoas que estão próximas a você, é natural que emoções profundas possam surgir. Essas emoções podem vir disfarçadas de arrependimento por oportunidades perdidas ou um desejo sincero de melhorar as relações com aqueles que você se importa. Para lidar com isso tudo, o primeiro passo é reconhecê-las, clarear e se permitir sentir.

Se você sente que há palavras não ditas ou coisas que precisam ser feitas, pense antes de dar qualquer passo. Como você pode aproveitar melhor esses momentos e valorizar as pessoas que fazem parte da sua vida?

Essa mesma sensação de perder oportunidades também acontece quando falamos impulsivamente e acabamos perdendo a oportunidade de ficar em silêncio. Às vezes, soltamos palavras impulsivas presas há anos, mas acabamos perdendo a chance de expressá-las de maneira mais apropriada. Isso já aconteceu com você?

Agora, reflita sobre alguém com quem você teve uma discussão e cuja relação nunca mais foi a mesma após esse dia. Independentemente se você estava certo ou não, ainda que tivesse reagido de uma maneira diferente, é possível que sua relação com essa pessoa estivesse da mesma forma que está hoje, sabe por quê? Porque em tudo o que fazemos, mesmo por impulso, ainda assim somos nós. Era nosso desejo íntimo dizer ou fazer aquilo. O impulso nos leva a realizar ações que, em algum momento, já teríamos feito, talvez com menos intensidade ou fervência.

Uma das intenções desta sessão é que você analise se há algo que não disse a essa pessoa e que gostaria de dizer. Talvez, um pedido de desculpas ou, até mesmo, concluir uma conversa que ficou inacabada, porque você estava nervoso ou sem coragem de prosseguir.

Reflita como na minha história sobre as Torres Gêmeas, e qual seria sua atitude se fosse a última oportunidade com aquela pessoa. E, considerando a reflexão sobre impulsividade e comunicação, como você pode se esforçar para valorizar essas relações, expressar melhor seus sentimentos e evitar deixar oportunidades importantes escaparem?

Qual oportunidade você não está valorizando o suficiente, mas amanhã pode não estar mais lá?

Quem você não está valorizando, por estar perto de você diariamente, mas amanhã pode não estar? Quem pode não estar mais lá quando você for visitar?

O que você acredita que aprendeu nesta sessão que mudará suas atitudes amanhã? Anote e aplique.

Sessão #16:
Quem Merece uma Segunda Chance?

Pense em alguém que costuma agir de maneira problemática em relação a você. Alguém que, de tempos em tempos (ou com frequência), faz algo e, com o passar dos dias, você percebe que está, mais uma vez, profundamente envolvido por essa pessoa. Aquela pessoa que parece ter o dom de fazer você se esquecer de tudo o que ela fez. Tenho certeza de que veio um nome em sua mente. Anote em seu caderno.

Agora relembre a primeira vez que essa pessoa fez algo que o feriu e escreva, resumidamente.

Na segunda vez que você se decepcionou com essa pessoa, o que passou pela sua mente? Resuma seus pensamentos naquele dia, não a atitude dela.

Se você recordou o que essa pessoa fez na primeira vez, também se lembrará do último acontecimento. Registre-o agora, mas, desta vez, com o fato ocorrido, assim como suas percepções e sentimentos na ocasião.

Quando você recordou a primeira vez que essa pessoa o magoou, quais sentimentos surgiram em você?

Como esses sentimentos evoluíram ao longo do tempo?

Toda vez que você perdoava essa pessoa, você prometia a si mesmo que não perdoaria mais, que aquilo havia sido a gota d'água e que nunca mais iria chorar daquele jeito novamente, foi assim?

A situação fica ainda mais difícil quando chega a etapa das lágrimas que secaram, e é quando você não chora mais. Já passou por isso? Parece que seu coração sente o impacto, mas você não consegue mais chorar porque, no fundo, sabe que para aquilo tudo acontecer novamente, bastaria um simples sinal da pessoa, uma oportunidade de aproximação. E talvez, se você estiver nessa "fase do jogo", se culpe muito por não colocar um ponto final.

Você já tentou se distanciar dessa pessoa em um esforço de autopreservação?

Se sim, como se sentiu durante esse período? Se não, o que o impediu de tentar?

Isso acontece porque você sente que falta algo acontecer para virar essa página. É chegada a hora de se perdoar. Não se trata de perdoar aquela pessoa, e sim de se perdoar de perdoar tantas vezes aquela pessoa! Perdoar-se de tentar esquecer tudo o que ela já fez e ficar só esperando a próxima "pancada". Então, eu lhe pergunto: se você sabe que haverá a próxima vez, por que perdoar?

Às vezes, vamos perdoando as pessoas e nos esquecemos de nos perdoar. Lembre-se de que estamos falamos de autoperdão, não sobre perdoar o outro. Isso estava bem claro, mas sua mente pode ter voltado à ideia anterior que ela tinha, até eu lhe perguntar "por que perdoar?". Isso acontece porque escutamos diariamente sobre perdoar os outros e sua mente está acostumada com isso, então ela meio que deleta as informações diferentes disso.

Você conseguiria se colocar no lugar dessa pessoa por alguns instantes e pensar nos motivos que a levaram a fazer o que fez com você? Será que não existe uma insegurança grande dentro dela ou uma crença que faz com que ela esteja agindo assim? Será que no passado não fizeram a mesma coisa com ela?

Você já ouviu a frase "os fins não justificam os meios", certo? Bem, independentemente do que ela tenha enfrentado, não justifica obrigá-lo a passar por situações que não lhe fazem bem. Você não receberá um troféu no final de tudo por ter suportado essas coisas.

É impossível para mim descrever o que acontece com essa pessoa, e talvez nem ela própria saiba ainda. Mas, na maioria dos casos, existe uma autodefesa e um medo da entrega, uma evitação em passar por uma situação desconfortável.

A maioria das pessoas não perdoa os outros por achar que ficariam impunes pelo simples ato do perdão. Perdoar vai muito além da capacidade de deixar ou não o outro impune. Quando não perdoamos, estamos travando e paralisando nossa vida em um nível que só percebemos quando saímos desse vínculo que só nos faz mal.

Atendi uma cliente de 63 anos que não perdoou o ex-marido por uma traição ocorrida há mais de 20 anos. Ela não se separou, mas também não o perdoou, segundo ela.

Perguntei como o punia diariamente, e ela se assustou com minha pergunta. Expliquei que, ao afirmar com tanto orgulho que não o perdoou, imaginei que estivesse praticando algum tipo de vingança diária. Foi então que ela me disse que quem o julgaria seria Deus. Após um tempo de conversa, questionei sobre como Deus julgaria o marido. Então, ela me disse não saber, mas que certamente ele seria punido pelos atos. Ela estava muito irreversível sobre perdoá-lo, colocando essa responsabilidade a Deus, mas quando perguntava se eles tinham um bom convívio, ela deixava muito claro que não tiveram mais um casamento desde então, mas viviam na mesma casa e ninguém sabia da traição e sobre a convivência deles, nem mesmo os filhos e amigos.

Sua maneira de pensar só mudou quando fiz as seguintes perguntas: se você não é Deus para julgar e nem punir, o que a faz seguir nesse casamento diferente de como era antes? Por que você mudou? Você acredita que se o perdoar, Deus também estará o perdoando?

Embora dissesse o contrário, pois sua mente dava motivos fortes para isso, ela acreditava que tinha realmente o poder de julgar, punir e perdoar, até mesmo acima de Deus. E sim, ela achava que, caso o perdoasse, a dívida dele estaria paga aos olhos de Deus.

Resumindo, ela se aproximou aos poucos do marido, trabalhou tudo isso em seu coração e alguns meses depois eles estavam até fazendo aula de dança juntos, que era algo que faziam mais jovens. Ela compreendeu que a responsabilidade do que ele fez ainda está lá com ele, porém não era algo que cabia a ela julgar, punir ou perdoar. Ela também assimilou o que era um casamento para ela, compreendendo que não estava mais casada, apenas mantendo aparências. O que ela precisava era se perdoar de ainda seguir naquele casamento daquela forma.

Havia uma sensação de culpa profunda, independentemente de todos os acontecimentos, uma autocrítica que a feria por considerar dar uma segunda chance, não tanto para ele, mas para si mesma e para o relacionamento. Era um julgamento que a fazia temer que, caso se perdoasse por permanecer nesse casamento, estaria condenada a repetir esse padrão sempre.

Para quem ela não estava dando uma segunda chance? Para seu marido ou para ela mesma?

Sobre o exemplo da cliente que finalmente optou por se perdoar e seguir em frente com seu marido, permitindo-se ser feliz novamente, o que você acha que a impulsionou a tomar essa decisão? Que aprendizados podem ser aplicados à sua própria situação?

Como você enxerga a relação entre o autoperdão e a capacidade de transformar as crenças e os julgamentos internos?

De que maneira o autoperdão pode acelerar seu crescimento pessoal?

Quando você perdoa alguém, não está permitindo que essa pessoa lhe prejudique novamente, mas, sim, dando-lhe uma nova oportunidade de mostrar que ela pode ser uma pessoa melhor. Isso faz sentido para você?

Vai depender exclusivamente da outra pessoa mostrar quem é ou quem se tornou. E isso você não consegue controlar. Não é uma questão de perdoar a pessoa por querer ou aceitar ser maltratado. É mais sobre dar a ela uma chance de se tornar alguém melhor.

É sobre você permitir transformar o que precisar ser transformado, e agora estou falando sobre suas crenças e julgamentos, é sobre interno e não externo. Seria muito proveitoso se você visse dessa forma de agora em diante tudo o que você passou.

Agora quero que pense em outra pessoa. Aquela pessoa a quem você não tem dado essa oportunidade: você! Abrace-se; acolha-se. Se você conseguiu dar segundas chances para os outros, por que não pode dar uma chance para você?

Sessão #17: O que Falta para Sua Vida Ser Perfeita?

Você consegue listar três coisas que faltam para sua vida ser perfeita? Sim, perfeita mesmo: a vida dos seus sonhos, tudo 100% realizado conforme você quer. O que falta acontecer em sua vida para que ela esteja perfeita? Talvez responder a esse questionamento não seja tão simples, mas desafio você a escrever três coisas agora.

Escreva também: o que, se acontecesse amanhã em sua vida, tornaria sua vida perfeita? Você consegue imaginar algo acontecendo em sua vida, ou é difícil até de imaginar, de tanto que você considera impossível essa realização?

Essa realização é algo palpável? É algum problema de saúde que não lhe permite ter a vida dos seus sonhos? Ou é alguma coisa que você deixou no passado e não tem como resgatar?

Talvez seja algo que depende única e exclusivamente da atitude de outra pessoa. É algo que essa pessoa precisa fazer para que você tenha sua vida perfeita? Anote.

Acreditamos que estamos nos esforçando muito e não tendo resultados proporcionais, mas isso não é a verdade absoluta. Sempre temos resultado de acordo com o que fizemos em um certo período. Não adianta eu esperar resultado imediato se estou trabalhando em um projeto há apenas duas semanas, por exemplo. É muito comum desejarmos algo intensamente por meses, porém agirmos efetivamente nisso apenas recentemente e, ainda assim, criarmos expectativas de realização em curto prazo, com base na energia mental que foi investida.

Imagine querer muito uma oportunidade na empresa "A", alimentando esse sonho em sua mente por aproximadamente seis meses, que foi o período desde o envio do seu currículo e entrevistas. Quando você finalmente ingressa nessa empresa e está há cerca de três meses trabalhando, sua dedicação energética se estende aos nove meses, não apenas aos três meses de trabalho efetivo. Consequentemente, você pode começar a criar expectativas mentais com base nessa dedicação prolongada, em vez de avaliar seu desempenho real.

Embora, do ponto de vista da empresa, você esteja lá apenas há três meses, para você, que esperou ansiosamente durante seis meses antes e acrescentou mais três meses de trabalho efetivo, pode parecer que é hora de a empresa reconhecer sua dedicação, talvez com uma promoção ou uma mudança de cargo.

Essa dinâmica também se aplica aos relacionamentos. Se você anseia por um compromisso com a pessoa "B", por um período de três meses, quando essa pessoa finalmente se aproxima de você e começam a sair, é natural esperar que ela faça um movimento em direção a um relacionamento sério em um curto período, afinal, você investiu mais três meses no processo, não apenas uma semana. Isso já aconteceu com você?

Costumamos nos confundir sobre isso, quando os resultados que temos não são os que queremos, dentro do prazo que gostaríamos.

Isso acontece porque você ainda não sabe como ofertar algo diferente para receber algo diferente. Se você sempre recebe a mesma coisa, é porque está sempre oferecendo a mesma coisa. O que eu quero clarear é que não dá para colher tomates plantando batatas.

Você consegue se lembrar de alguma vez em que plantou batatas, mas esperava colher tomates? Normalmente, é difícil recordar situações em que nós mesmos nos confundimos, mas, se puder se lembrar, faça uma anotação. Isso acontece porque nossa mente encara isso como algo que ela errou, nos protegendo de assumir esses erros; mas, aqui, não se trata de erros ou acertos, porém de responsabilidade. Já aconteceu, certamente, de você "plantar batatas" esperando "colher tomates". Poderia compartilhar em seu caderno um exemplo ou uma situação em que isso tenha ocorrido? Clarear isso dará a oportunidade à sua mente de pensar diferente.

Como você lida agora com essa percepção e a responsabilidade de ofertar algo para receber algo diferente?

Pense em uma situação oposta, em que você foi a "colheita errada" de alguém. Talvez alguém tenha criado expectativas sobre você, seja em um contexto afetivo, seja profissional, acreditando que colheria algo diferente do que realmente você estava disposto a fazer no final. Resumindo, uma situação em que alguém esperava "colher tomate" de você, mas você estava "plantando batata". Escreva um exemplo em que alguém criou expectativas em relação a você que não correspondiam às suas intenções ou ações. Como você lidou com essa situação na época?

É preciso aprender a se posicionar diferente para as pessoas e a vida, assim, você conseguirá plantar algo diferente do padrão anterior e, com o tempo, colherá algo diferente. Esse tempo é relativamente similar ao de uma horta. Dependendo do que você está plantando, a colheita vem antes ou depois, mas é preciso regar, adubar diariamente para colher os resultados mais à frente. Não é porque planejei plantar tomate por três meses que, quando eu plantar efetivamente, poderei colher em uma semana. Assim como não posso plantar tomate em março e, em junho, decidir que era batata que eu queria colher.

Quando isso acontecer, precisarei refazer o caminho inteiro, do zero. Lendo aqui, parece óbvio, porém é algo que no dia a dia pode ser esquecido, principalmente quando queremos muito algum resultado. Pensar em curto prazo não funciona para uma horta, assim como para a vida, então será fácil você se sentir frustrado se pensar em curto prazo, mas garanto que fazendo seu trabalho diário, conseguirá resultados compatíveis.

E quando dependemos de outra pessoa? É esse seu caso? Bem, então preciso lhe dizer que você tem um problema. Sempre que seu resultado para algo depender de outra pessoa, é preciso que a expectativa dessa pessoa esteja alinhada à sua, do contrário, você vai se frustrar, e muito.

É preciso que a expectativa dessa pessoa seja até mesmo maior do que a sua em realizar a sua vida perfeita. Você vai precisar que essa pessoa esteja dedicada a satisfazê-lo, ultrapassando a si mesma.

Ainda usando os exemplos anteriores, é preciso que a pessoa queira colher tomate muito além de você, porque se ela plantar batata e apenas você esperar colher tomate, existe 100% de chance de você ficar decepcionado no dia da colheita.

Quando damos o domínio de nossa vida a outra pessoa, estamos entregando nossa responsabilidade de criar felicidade também a ela. E pode até ser que essa pessoa queira fazer você feliz, mas ela não nasceu exclusivamente para isso, e você precisa clarear isso. Por mais que possa causar algum desconforto a sua mente inconsciente ler isso agora, e por mais que você, racionalmente, já saiba disso.

Não é egoísmo seu querer que essa pessoa realize sua vida perfeita, até porque, do seu ponto de vista, essa pessoa seria muito feliz fazendo isso por você e com você. Mas o fato é que essa pessoa também quer ser feliz do jeito dela, ela também tem sonhos e uma vida perfeita, do ponto de vista dela.

Se esse for realmente seu caso, você já imaginou como seria a vida ideal, sob a perspectiva dessa pessoa?

Faz sentido para você alinhar os desejos pessoais de vocês, com uma conversa aberta e honesta?

O que você tem a perder com isso? E o que você tem a ganhar sem isso?

E se essa sessão causou um desconforto profundo na sua mente inconsciente, trazendo respostas mais rasas e convencendo-o a não aprofundar, convido você a refazer a Sessão #14 agora.

Desafio você agora a reavaliar sua lista inicial de três coisas que acreditou que faltavam para tornar sua vida perfeita, considerando a nova consciência adquirida e informações compartilhadas nessa sessão.

É possível que algumas delas tenham evoluído ou mudado ao longo do nosso diálogo. Se for assim, escreva o que o motivou nessa transformação e lembre-se: queremos muito resultados, mas nem sempre estamos preparados para o processo. O que exatamente você quer colher em três meses?

Para fazer essa colheita em três meses, como você pretende regar?

E o principal, o que você precisa plantar agora?

O que você tem a perder se, durante esse processo, você já considerar que possui o sucesso?

Essa pergunta final vem para representar um novo capítulo de sua vida que iniciou exatamente agora.

Sessão #18: Qual é a Foto dos Seus Sonhos que Você Ainda Não Tirou?

Pode parecer um tanto peculiar, mas todos nós carregamos dentro de nós a idealização de uma foto perfeita. Uma imagem que, sempre que tiramos uma foto, faz parecer que ainda não está à altura "dessa outra". Não por questões de ângulo ou foco, mas porque ainda não é aquela foto perfeita que temos em mente.

Convido você a refletir comigo como é a foto dos seus sonhos que você ainda não tem. Onde será essa foto? Anote o primeiro pensamento que veio em sua mente, mesmo que não faça sentido.

Talvez, o local não seja o importante para você, mas, sim, a pessoa que estará com você. Quem é a pessoa que estará com você nessa foto? Onde estarão?

E caso não seja possível realizar essa foto com essa pessoa, por motivo de força maior, peço que selecione e imagine outra foto para podermos dar seguimento.

Será um casamento? Uma formatura? Uma viagem? Talvez seja uma foto com seu filho nos braços. Pode ser que a foto dos seus sonhos seja após uma cirurgia que você quer fazer e vem adiando, ou com aquela pessoa que você brigou e não tem coragem de procurá-la.

É possível também que sua foto preferida seja sozinha. Será uma *selfie* com uma coisa que vai transparecer na foto, mas de forma diferente: sua liberdade. Você se considera livre? Isso tocou você?

Talvez você se sinta preso por tantas responsabilidades. E se for seu caso, pode ser que você queira tirar uma foto no dia em que sair daquele emprego que tanto detesta ou do relacionamento que não lhe faz bem.

Vamos supor que essa imagem que você tem em mente já tenha uma data marcada. Qual data você imagina ou escolhe? Escreva a primeira data que vier em sua mente.

Para tornar esta sessão um tipo de mensagem premonitória, é necessário que você dê passos em direção ao seu objetivo de fazer aquela foto. Você consegue perceber que as coisas que deseja alcançar, até a data que escolheu, não se concretizarão se você não começar o quanto antes? Não é necessário dar passos enormes, mas, sim, dar um pequeno passo na direção certa. O que você poderia fazer ainda esta semana que consideraria ser um pequeno avanço para mais perto da sua foto dos sonhos?

Qual talento oculto que você tem, mas não utilizou ainda?

Quais habilidades você pode aproveitar para si mesmo? Descreva cinco.

Sim, você tem habilidades escondidas dentro de você. Por que você escondeu esse tempo todo? Qual seu medo?

Agora imagine, feche seus olhos por alguns minutos e visualize em sua mente a tão sonhada foto. Quanto feliz você estará logo após ter feito essa captura? Como serão os cinco minutos que antecedem esse momento? Tente criar uma cena vívida e descrever em seu caderno cada detalhe que conseguir antes de darmos seguimento.

Feche seus olhos, novamente, e imagine que seu eu de hoje consegue se transportar para o dia da foto. Aproxime-se e pergunte para seu eu do futuro: qual o primeiro passo dado por você no passado que o fez conquistar esse momento tão especial? Descreva detalhadamente essa experiência.

Pensar nisso diariamente lhe proporcionará a motivação necessária para não desistir. Você merece ter essa foto dos sonhos. E quem sabe não será bem antes disso? Mas o que faz você não ter essa foto ainda?

Quais obstáculos você enfrentou? Anote pelo menos cinco em seu caderno.

Já atendi pessoas que tinham muita dificuldade em permanecer no momento presente, estando sempre focadas no passado ou futuro, seja por vislumbrar o futuro, seja por lamentar e recordar o passado. Isso é mais comum do que pode parecer.

Pode ser que você esteja assistindo à sua própria vida passar enquanto se sente desconectado dela. Talvez, seu foco esteja voltado para um futuro que ainda não se concretizou ou para um passado que já se foi.

É possível que você esteja tão insatisfeito com o presente que talvez esteja perdendo de vista as oportunidades de traçar um novo caminho. Realmente, é difícil visualizar tudo isso quando estamos olhando para o lado contrário, seja por uma dor antiga, seja por um desejo de algo melhor.

Sua foto perfeita não está localizada no passado. E não é o passar dos dias que trará automaticamente essa imagem para sua vida, mas, sim, as atitudes diárias.

Algumas mudanças em sua rotina poderão ser necessárias, porém você não precisa fazer tudo em um único dia. A ânsia por fazer grandes transformações em um período curto é o que leva as pessoas a desistirem e retornarem ao ponto de partida, cheias de desânimo.

Para concretizar a foto dos seus sonhos, comece definindo metas claras e estabeleça um cronograma realista para cada etapa do processo. Identifique os recursos e as habilidades que lhe serão úteis. Você pode manter o foco com lembretes visuais, alarmes no celular com datas de verificação de progresso.

Esteja disposto a ajustar seu plano à medida que as coisas evoluem. A flexibilidade é essencial para se adaptar a mudanças inesperadas que poderão acontecer. Celebre cada avanço e aproveite o momento presente enquanto trabalha em direção à sua foto.

O objetivo desta sessão é incentivá-lo a viver o presente, aproveitando-o e enxergando as chances de dar passos pequenos em direção ao que você deseja. Agora, você sabe como a simples atitude de desfrutar o momento atual poderá representar muito daqui a poucos meses.

E não esqueça que o mais importante você já sabe: o que precisa fazer, quais habilidades usar e qual deve ser o primeiro passo. Agora, decida como colocar em prática!

Sessão #19: Qual o Nome do Livro que Conta Sua História?

Se você estivesse prestes a escrever um livro que retratasse sua vida, ou seja, uma autobiografia, que título escolheria?

Pode parecer intrusivo a ideia de expor toda a sua vida. No entanto, nesta sessão convido você a imaginar isso como uma possibilidade real.

Neste livro, é importante que você compartilhe integralmente cada experiência vivida, seja positiva, seja negativa, sem se preocupar com a identidade dos futuros leitores. Você precisará ser autêntico, talvez como nunca. Seu livro contará uma história cheia de sacrifícios, injustiças, medos, falta de oportunidades ou traições? Escreva em seu caderno de anotações qual seria o principal assunto do livro. Qual seria o principal tema, a história mais longa que contaria?

Você deixaria para o mundo seu exemplo de dor, de como as coisas não dão certo? Ao ler essa pergunta, talvez você tenha pausado para refletir brevemente sobre como sua vida é composta por muito mais do que apenas essas experiências. Embora seja importante narrar as situações que não se concretizaram como planejado, sua história vai além disso.

É de grande importância que você inclua em seu livro os desafios que a vida lhe apresentou. No entanto, você não acha que, talvez, o aspecto mais relevante seria relatar como superou essas dificuldades?

Para quem você daria o primeiro exemplar do seu livro? Um filho, seus pais, sua esposa, seu namorado, talvez para um ex?

E se você pudesse, quem impediria de ler seu livro? Anote o nome das pessoas que você gostaria de evitar que lessem. Marque essas pessoas como "banidas".

Certamente, existem questões ainda não resolvidas que permanecem presentes em sua vida, e isso o incomoda muito. Mas, quero agora que se imagine daqui a cinco anos, com tudo já resolvido e estando como você gostaria. Isso mudaria o título de seu livro. Agora, escolha um novo título e anote.

Se avançamos para o futuro em cinco anos, seu livro já foi impresso com o título que você escolheu. Agora é hora de selecionar a primeira pessoa a quem você deseja presenteá-lo, compartilhando com orgulho sua história. Para quem você daria? Ainda é a mesma pessoa, ou você mudou de ideia? Não é errado mudar de opinião. Porém, caso tenha mudado, o que o motivou a escolher uma pessoa diferente?

E, em vez de escolher essa pessoa para receber o primeiro exemplar do seu livro, eu lhe apresento um desafio: considere dar este exemplar a outro indivíduo. Alguém que, sempre que você quer ou planeja algo, é a primeira pessoa a expressar dúvidas e olhar com descrença. Talvez, secretamente, ela até espere que você fracasse. Pode ser alguém com quem você já não mantém contato, mas que parece ainda torcer contra. Escreva o nome da pessoa e a razão que faz você acreditar que isso é real.

Essa pessoa estava já junto às "banidas", ou você havia se esquecido dela?

Anteriormente, eu disse ser importante compartilhar cada experiência sua, mas agora vamos fazer alguns ajustes em seu livro. Você pode apenas mencionar o que considera importante. Sendo assim, o nome dela estaria em seu livro? Ou você prefere ignorar sua existência?

O que mais você ocultaria? O que mais acha desnecessário deixar os outros saberem? Por quê? Reflita sobre isso e registre em seu caderno.

Não seria ótimo se você pudesse realizar isso daqui a cinco anos? Você pode! Sim, você é capaz. Não há absolutamente nada que o impeça ou proíba de fazer isso. Embora não seja uma obrigação, é algo que você pode realizar, se desejar.

É pouco provável que você coloque isso em prática, mas esse não era exatamente o objetivo desta sessão. Minha intenção é clarear sobre a narrativa que você construiu em sua vida.

Você tende a repetir suas histórias tristes e injustiças, ou, quando tem a oportunidade, compartilha histórias de superação que inspiram outras pessoas a persistirem?

Dificuldades e desafios todos temos, mas consegue perceber que quando são superados, enriquecem as páginas de nossas histórias? Você não precisa escrever sua autobiografia, mas quando compartilhar uma história pessoal com alguém, considere como pode fazer de forma construtiva, inspirando os outros com seu aprendizado e resolução.

Quais foram os momentos de grande superação que o enchem de orgulho? Escolha três para registrar em seu caderno.

Como você pode compartilhar essas três histórias de superação de forma inspiradora para os outros? Quem você ajudaria ao compartilhar?

Lembre-se de que cada história de superação é uma oportunidade para crescimento ainda hoje. Ao reconhecer e clarear a importância delas em sua narrativa pessoal, você também inspira a si mesmo sobre situações futuras.

Como essas experiências o moldaram e o ajudaram a se tornar a pessoa que é hoje?

Reflita sobre qual história você precisa reescrever em sua vida para virar essa página. O que percebeu que ainda não está completamente superado em você, uma situação pela qual você passou, mas que sempre ao contar para alguém ainda o machuca?

Talvez, essa situação não esteja mais ativa em sua vida, mas a forma que você relata isso aos outros, e, principalmente a si mesmo, pode indicar uma dor ou crença oculta. Como planeja narrar isso de forma diferente agora? Aceita meu desafio?

Sessão #20: Qual a Última Decepção que Você Teve?

Você consegue se lembrar da última vez em que se sentiu decepcionado? Foi na semana passada ou hoje? Anote a data, se conseguir recordar, e descreva a situação que causou essa decepção.

Você talvez tenha vivenciado a expectativa de que alguém realizaria uma ação, e essa pessoa não fez exatamente aquilo. A maioria das decepções ocorre quando colocamos expectativas em alguém, acreditando que essa pessoa fará algo por nós. Essa expectativa pode abranger várias áreas, desde a afetiva, como a expectativa de receber um presente específico no aniversário e, em vez disso, receber apenas um abraço ou outra coisa. Pode também acontecer em situações cotidianas, como esperar que alguém responda a uma mensagem, faça um convite ou envie um simples bom dia em um horário específico.

No contexto profissional, isso se manifesta quando você espera que um colega desempenhe sua própria função e responsabilidade, sem você ter de fazer isso por ele. Quem nunca teve um colega "folgado"? É claro que o ideal seria ele fazer o proposto, mas convido você a ver isso como uma expectativa sua de que ele faça seu próprio trabalho, pois a expectativa dele é de que outras pessoas façam o que ele não quer fazer! Ainda no profissional, isso pode ter acontecido quando você esteve à espera de um reconhecimento ou elogio, mas tenha recebido um simples "obrigado" do seu superior.

Esses tipos de expectativas vão acumulando em sua mente e, à medida que o tempo passa e você continua na mesma empresa, sem promoções após anos, começa a considerar a possibilidade de buscar novas oportunidades profissionais, mesmo que já tenha investido e dedicado um longo período no mesmo local aguardando por isso.

Eu mesma atendi uma pessoa que passou por tudo isso que citei, e o seu colega, aquele que não cumpria as tarefas, recebeu a promoção que ela estava almejando. Você já passou por isso ou conheceu alguém que vivenciou algo similar?

O fato é que as expectativas são 99,9% das vezes geradas em cima de outras pessoas. Um exemplo que parece fugir disso é quando você decide tirar férias e planeja uma viagem à praia, com a expectativa de que a semana seja livre de chuvas. Nesse caso, a esperança de que as condições climáticas estejam ao seu favor, muitas vezes, é direcionada para que Deus ou o Universo ouça suas preces. Consegue ver como ainda, de certa forma, é direcionada ao outro?

Quando temos uma expectativa que depende de outra pessoa realizar, é importante que a expectativa, dedicação ou vontade dessa outra pessoa seja infinitamente maior do que a sua. Do contrário, você ficará frustrado.

Pode acontecer de alguém realizar sua expectativa, e mesmo assim não ser exatamente como você imaginava. Por exemplo, você espera uma festa surpresa no seu aniversário e sua melhor amiga organiza tudo, mas o bolo escolhido é de morango, enquanto você sonhava com um de chocolate. A festa aconteceu, mas não correspondeu totalmente às suas expectativas, entende?

Internamente, você pode não sentir uma realização completa, mas muitas vezes não percebe claramente o que está acontecendo, nem reconhece a sensação desse "algo" que faltou. Sua mente pode bloquear isso em virtude de uma crença oculta enraizada de não querer parecer ingrato. Como poderia reclamar do bolo quando todo o restante foi maravilhoso? Como questionar algo tão bobo, quando você compreende e valoriza o esforço e carinho dedicados ao planejamento? Há um código moral interno que sugere que você deve sorrir e mostrar gratidão. No entanto, por dentro, você pode sentir uma insatisfação difícil de descrever.

Você já teve uma experiência em que obteve algo, mas não se sentiu verdadeiramente feliz e realizado? Consegue recordar de alguma situação assim? Por fora, no mundo externo e de aparências, pode ter havido uma conquista ou surpresa, mas, por dentro, você ainda tinha a sensação de que algo estava faltando, embora talvez não tenha compartilhado isso com ninguém para evitar parecer ingrato. Dedique alguns minutos a pensar sobre essa situação e resuma em seu caderno de anotações.

Você consegue compreender a diferença entre ser ingrato e incompleto? As palavras têm significados diferentes, porém, neste contexto, quero evidenciar que você não é ingrato por ter muitas coisas em sua vida, mas que é totalmente aceitável se sentir incompleto por esperar que algumas dessas coisas fossem diferentes.

Racionalizar e clarear isso dentro de você é o que fará a diferença daqui para a frente. Minha intenção hoje é que você não faça autocríticas toda vez que não se sentir energizado, empoderado ou festivo, apenas porque o mundo ao seu redor parece impor essa expectativa. Como você lida com as expectativas das outras pessoas em sua vida?

Você já se sentiu sobrecarregado ou pressionado para atender às expectativas de alguém? Quem?

E o contrário, você já pressionou alguém para atender às suas?

As pessoas têm suas próprias expectativas, e assim como elas não têm a obrigação de atender às suas, você não é obrigado a atender às delas. Copie essa frase em seu caderno e registre como título: liberdade de expectativas.

Lembre-se agora de algumas vezes em que você estabeleceu expectativas rigorosas, com prazos irrealistas, e como isso teve impacto negativo em seu bem-estar emocional. Por exemplo, pode ter tentado perder dez quilos em apenas um mês ou iniciar um relacionamento em uma semana. Cada vez que você estabelece uma meta com um prazo curto ou um número elevado, sua mente tende a prever o desfecho: você acabará se sentindo mal por não conseguir, e ela já programa esse fracasso, pois sabe que não é algo alcançável.

A pergunta fundamental que precisa fazer a si mesmo é: por que desejo perder dez quilos em um mês, quando levei dez meses para ganhá-los? Se ganhei um quilo por mês, por que estabeleci o objetivo de emagrecer dez quilos em um mês? Isso é desleal. Adapte esse exemplo para outras áreas que fizerem mais sentido para você e reflita: onde se encaixa essa perspectiva em outra área da sua vida? Quando foi a última vez que você definiu metas que, desde o começo, pareciam destinadas a falhar?

No exemplo acima, sobre a perda de dez quilos, qual seria uma opção melhor?

E, no seu caso, qual seria a melhor forma de definir metas?

Qual meta você pode estabelecer que esteja mais alinhada com seu ritmo?

Você acha que quem demora dez meses para ganhar dez quilos é desleal consigo ao querer perder aqueles dez quilos em um único mês?

E você, por que foi desleal consigo tantas vezes?

Talvez você não saiba a resposta, e tudo bem. Isso não é o mais importante agora. O principal é saber que a maior decepção que você teve não foi a que escreveu no início da sessão, mas a que foi gerada por você mesmo.

Qual expectativa desleal você ainda tem, e que se compromete a reduzir dentro de si?

Você já havia pensado que, assim como as pessoas não têm a obrigação de atender às suas expectativas, você também não é obrigado a atender às delas? Como você se sente sobre a ideia de "liberdade de expectativas"?

Convido você a desfrutar da liberdade de ser quem você é e se sentir bem, com orgulho e gratidão em ser quem você é.

Sessão #21: Quando Foi a Sua Morte?

Você sabe responder quando foi a sua morte? O que é morte para você? E qual o significado de vida, estar vivo, para você? Escreva essas respostas antes de dar seguimento.

Quando você leu a pergunta sobre quando foi sua morte, talvez tenha vindo à sua mente uma data e você nem sabe o motivo! É possível que tenha sido aquele dia em que surgiu um problema de saúde seu ou até de outra pessoa. Talvez, quando você iniciou um relacionamento que não lhe faz bem, mas mantém até hoje. Pode ser que a falta de liberdade que você sente também lhe tire a vida, ou que a falta de forças para lutar pelo que você busca o deixe com a sensação de estar sem vida, pois não sente felicidade ou realização individual.

Você agora pode estar se questionando sobre o que é verdadeiramente vida e morte. Considerando que a vida é o que você escreveu anteriormente, a morte poderia ser definida como o momento em que paramos de respirar, ou quando perdemos a vontade de viver?

Quando deixamos de viver, mantemos uma rotina de cumprir nossas obrigações e responsabilidades diárias, cuidando dos outros ativamente, mas negligenciando a nós mesmos. Abandonamos nossas paixões e nossos interesses, muitas vezes adiando nossos sonhos até que nos esquecemos de como é gratificante sorrir espontaneamente ao fazer algo por nós mesmos.

Fazer algo por si não é egoísmo, e sim uma prática de autoestima e autocuidado. É uma maneira de recarregar sua própria energia e renovar seu compromisso com a vida, evitando aqueles momentos em que você não sente vontade de se levantar da cama. Isso acontece porque quando você negligencia seus próprios desejos, passando por cima deles para poder atender aos outros, você corre o risco de perder sua própria identidade. E é quando estamos há muito tempo sentindo falta de nós mesmos que a vontade de levantar da cama desaparece.

Para ajudá-lo a saber se esse é seu caso, responda: você tem dedicado tempo a *hobbies* e atividades que lhe trazem alegria e desenvolvimento?

O que o impede de investir mais tempo em seus próprios interesses? São responsabilidades, falta de tempo ou falta de motivação?

Muito além deste livro, que já é um bom sinal de você estar buscando autoconhecimento e fazendo algo por si, você tem conseguido estabelecer limites saudáveis e aprendido a dizer "não" quando necessário?

Convido você a refletir por alguns minutos sobre a última vez que verdadeiramente se sentiu vivo. Essa experiência pode ter ocorrido há cinco anos, dois meses ou, talvez, ontem. Quando foi? Como foi? Anote em seu caderno.

O que aconteceu após esse momento que alterou a forma como você se sente? Por que não se sentiu assim depois?

Se você tivesse que atribuir um número de 0 a 10 para representar o quanto você está dedicando seu tempo, dinheiro, energia e amor aos outros, que número você escolheria? Quanto você dá de si aos outros?

Se sua resposta ultrapassou 6, é importante lembrar que ajudar os outros é, sem dúvida, uma atitude nobre. Entendo que você tenha obrigações e tarefas cotidianas, mas se sobram apenas 4 (ou menos) para você mesmo, isso sugere um desequilíbrio que vale a pena ser considerado. Apenas ao equilibrar o cuidado com os outros e o cuidado pessoal, é possível integrar diferentes aspectos da sua personalidade e continuar sendo útil em suas relações, evitando o esgotamento físico e emocional.

Sentiu alguma vez que tinha alteração de humor, mesmo sem motivo aparente? Alguém notou, ou você manteve isso em segredo?

Percebe algum desequilíbrio entre o tempo, energia e amor que você dedica a si mesmo em comparação ao que oferece aos outros? Para subirmos apenas um número dessa resposta a seu favor, o que você poderia alterar em sua rotina?

Já aconteceu de você sentir um forte desejo de realizar tarefas ou ajudar alguém, mas se percebeu sem a energia necessária para fazer aquilo? Se, ainda assim, você o fez, sente que passou a impressão de que estava fazendo aquilo forçado ou sem entusiasmo? Seja como for, a explicação disso pode ser esse esgotamento emocional.

Faz sentido para você que, para doarmos algo com qualidade, é fundamental possuirmos esse algo em primeiro lugar? Isso se aplica igualmente a dinheiro, tempo e amor. Quando você doa amor, é essencial que seja um amor de alta qualidade. Se doar tempo, ofereça um tempo valioso. Mas, para conseguir isso, é necessário reservar um tempo para cuidar de si, com carinho, permitindo-se fazer coisas que nutrem sua própria alma.

Existem habilidades escondidas dentro de você e talentos enterrados por não achar relevantes. Liste cinco deles, que poderão ajudá-lo de agora em diante.

Quando foi a última vez que você se sentiu inspirado a realizar algo por si mesmo? O que causou essa sensação?

Talvez, você saiba a data que foi a sua morte, mas qual data será a do seu renascimento? Sua resposta para essa pergunta deverá ser o dia de hoje. Anote assim em caderno: *Renascimento, dia* __. Como você pode comemorar isso?

Como vimos em sessões anteriores, os sonhos adiados não são perdidos, nem é tarde demais para serem alcançados. O dia de hoje é uma oportunidade nova, um lembrete de que você pode ressuscitar seu principal sonho antigo: o de viver.

Sessão #22: O que as Pessoas Pensam sobre Você?

Escreva em seu caderno o nome de três pessoas mais próximas de você (amigos, colegas, parentes, etc.) antes de dar seguimento.

Quando essas pessoas olham para você, o que pensam primeiramente? O que acham do seu físico, do seu profissional e de seu relacionamento com elas (dedicação, entrega, amizade...)? Descreva suas percepções sobre cada pessoa e área em detalhes.

Independentemente de sua crença ou religião, se a espiritualidade, Deus ou o Universo agora pudesse responder às mesmas três perguntas, o que Ele responderia sobre você – seu físico, profissional e relacionamento com Ele? Dedique alguns minutos extras para responder sobre isso. E caso não possua uma crença forte sobre o assunto, se possuísse, o que acharia?

Agora que você possui informações sobre as quatro pessoas em questão, gostaria que refletisse sobre sua percepção relativa às três primeiras. Avalie se acredita que é bem-visto por todas elas, se elas têm uma visão positiva de sua aparência física, se profissionalmente você é admirado por todas e se há dedicação de sua parte por ambas. Suas anotações foram mais positivas ou negativas?

Se as respostas foram positivas, é provável que você esteja deixando uma boa impressão nessas pessoas, uma vez que, na maioria dos casos, a percepção que você tem do que as pessoas pensam sobre você tende a refletir a realidade.

Outro ponto relevante é que, geralmente, as pessoas que você escolhe não o julgariam de forma muito favorável, talvez por serem próximas ou por esperarem muito de você. Por isso, não se surpreenda se, ao descrever suas impressões sobre sua aparência física, desempenho profissional ou relacionamento com essas pessoas, você tenha escolhido palavras nada "doces", por acreditar que essas palavras representam as opiniões delas.

É provável que você possa se dedicar mais, mas é natural que essa análise revele áreas onde você possa crescer e se sente desmotivado. É possível que uma das pessoas seja até mesmo "injusta" ao pensar que você faz pouco, porque ela tinha expectativas mais elevadas, e talvez desejasse mais atenção ou maior envolvimento de sua parte.

Ao expressar essas observações no caderno, podemos afirmar que você já reconhece esses aspectos, afinal, foi você quem os identificou e é claro que você sente a necessidade de se dedicar mais a essas áreas e às pessoas envolvidas.

Suas respostas foram parecidas com a quarta pessoa (espiritualidade)? O que identificou de diferença?

As respostas da espiritualidade, geralmente, são o que você pensa sobre si mesmo. Essas são as informações mais importantes, pois são uma espécie de *feedback* sobre si. O que você doa para a espiritualidade é o que você doa para si mesmo. Se Deus acredita que seu físico está bom, é porque você no fundo acredita nisso também. Agora, analise o que a espiritualidade responderia sobre seu desenvolvimento pessoal:

O que a espiritualidade teria a lhe dizer que falta em sua evolução como ser humano?

O que você poderia fazer ainda hoje para se melhorar como ser humano?

Sabendo que tudo isso diz respeito ao que você mesmo pensa sobre si, vou ajudá-lo a avaliar ainda mais como está sua autoestima: você permite que alguém se intrometa em suas decisões sobre o que é melhor para si? Não se trata sobre receber sugestões, mas em permitir pequenas intrusões em suas escolhas pessoais.

É normal nos preocuparmos com o que os outros pensam sobre nós, ainda que possamos dizer o contrário. Mas por que é tão importante saber o que os outros acham, quando a pessoa que realmente vivencia sua própria vida é você?

É comum buscarmos opinião de pessoas próximas, pois, naturalmente, queremos agradá-las. Porém, ultrapassar limites pode ser desgastante. Isso já aconteceu com você?

É sempre importante lembrar que as pessoas podem expressar suas opiniões, com ou sem sua autorização, mas quem experimentará as consequências de suas escolhas é você. Como a ideia de "liberdade de expectativas" ainda é para você?

Se optar por seguir uma sugestão e as coisas não saírem como esperado, será você quem deverá lidar com as mudanças em sua vida. Em última análise, ninguém é melhor que você para determinar o que faz ou não sentido em sua própria vida.

Isso é sobre a liberdade de pensamento e expectativas que abordamos mais profundamente na Sessão #20. Você não precisa refazê-la, mas o convido a rever suas anotações. Refletir sobre esse tipo de liberdade é um passo fundamental na busca por um equilíbrio saudável entre as opiniões dos outros e suas escolhas pessoais.

Você se lembra de alguma situação em que procurou a aprovação de terceiros, colocando suas próprias escolhas em segundo plano?

Quais foram os resultados dessas situações? Como isso o afetou? Qual limite você colocaria hoje?

Na busca pelo equilíbrio entre as opiniões dos outros e suas próprias escolhas, não esqueça que você é o principal protagonista dessa história, a qual será moldada pelas suas escolhas. O que as pessoas pensam sobre você não importa tanto quanto o que você pensa sobre si mesmo e como consegue lidar com isso.

Então, o que você planeja criar a partir de hoje, com base nas decisões que tomar, valorizando sua própria percepção mais do que as opiniões dos outros?

Sessão #23: Quem Tem Medo de Você?

Quem você acha que tem medo de você? Seu filho, seu colega, sua namorada, algum parente seu? O que faz você achar isso? Anote essas respostas em seu caderno.

Não é sempre fácil distinguir entre o medo justificado de situações potencialmente perigosas e preconceitos infundados enraizados em estereótipos. Pode ser, inicialmente, mais fácil sentir medo de uma pessoa forte do que de uma pessoa fraca. Mas o que é ser forte? O que faz alguém ser considerado fraco?

Além disso, algumas pessoas são particularmente sensíveis e se assustam com facilidade. Pode ser que você aja de maneira imprevisível, tenha uma autoridade marcante, ou talvez seu medo e hesitação em agir sejam o que amedronta. A falta de ação também pode gerar medo nas pessoas. Se você pensava que as pessoas tinham medo exclusivamente de quem é cheio de atitude, decidido e enérgico, enganou-se. Muitos sentem um receio silencioso em relação àqueles que não se posicionam.

E sabe por quê? Porque se você não se posiciona para a vida, você não tem a experiência das consequências. Ou seja, aquele que é impulsivo, sabe o que vai causar com sua decisão, com sua impulsividade e atitude, pois faz isso (quase) sempre. Já aquela pessoa que não toma posição para (quase) nada na vida é alguém que as pessoas não sabem como vai (re)agir.

Convido você a refletir se há alguma coisa em sua vida para a qual você ainda não tomou uma posição ou decisão. Algo que você gostaria muito de dizer a alguém, mas ainda não disse, ou uma escolha que precisa fazer e que talvez já tenha até passado da hora de ser feita. O que você poderia fazer neste momento que surpreenderia qualquer pessoa com sua atitude? Registre sua resposta.

Se você sabe exatamente a resposta, é porque tem muita gente com medo de você. Talvez você sinta medo em relação a si mesmo, um receio de tomar ações que possam impactar a vida das pessoas próximas, como pedir demissão, sugerir ou efetuar mudanças na empresa, um pavor em expressar seus pensamentos e sentimentos ou realizar algo em benefício próprio que poderia transformar completamente sua vida. Se for essa última opção, você teme fracassar ou arriscar ser feliz?

Às vezes, nomeamos nossos medos e até os materializamos, como medo de altura, escada rolante ou avião, por exemplo. E como estava falando antes, é comum sentirmos receio em relação a alguém de quem não temos certeza de como reagirá às nossas palavras e atitudes, então costumamos "pisar em ovos" com essas pessoas. Este último aspecto está diretamente ligado ao fato de que essa pessoa venha a tomar decisões que você mesmo evita, mas que sente vontade.

Primeiramente, pense quem é a pessoa com a qual você tem medo de conversar alguma coisa. Se vierem dois nomes em sua mente, pode anotar os dois.

Agora feche seus olhos e reflita sobre o que gostaria de dizer para essa pessoa e qual o seu medo. Imagine, visualizando a pessoa em sua frente e expresse o que gostaria de dizer. Em seguida, registre em seu caderno como foi essa experiência.

Independentemente de como foi a "conversa" e o motivo para você se sentir dessa forma, consegue perceber que a maior parte de seu receio está diretamente ligada à possível reação que essa pessoa teria caso você expressasse exatamente o que deseja?

Será que seu medo não é pela sua falta de prática em se expressar?

Logicamente, no dia a dia não podemos falar tudo o que pensamos, pois o contexto e a consideração pelos sentimentos de quem amamos são importantes. Mas encontrar maneiras de se comunicar de forma mais honesta, quando apropriado, pode ser incrivelmente libertador e benéfico para você e seus relacionamentos. A ideia principal é conseguir equilibrar a consideração pelos outros com a expressão autêntica de seus pensamentos e sentimentos.

Há também pessoas que todos acreditam serem extremamente sinceras e expressivas, mas, na realidade, quando há algo importante a dizer em seus relacionamentos, não dizem e sofrem pelo silêncio. Se esse for seu caso, tudo o que foi dito acima se aplica a você. Afinal, de que adianta se expressar o tempo todo, se quando realmente é preciso você não consegue e se cala?

Já considerou que a capacidade de se expressar e agir pode ser um talento ou habilidade oculta que você não sabe que possui?

O que você está tentando evitar? Talvez seja o inevitável. Algo que aconteceu por dentro, mas que, por fora, ninguém ainda saiba.

Será que a pessoa que mais teme você não é, na verdade, você mesmo?

Pode ser que você esteja evitando oportunidades com potencial para mudar sua vida. Frequentemente, podemos ser nosso pior crítico e costumamos permitir que a voz interna nos impeça de fazer coisas simples, porém importantes para nosso desenvolvimento. O que essa voz interna diz?

O que você está deixando de fazer por sentir tanto medo de si mesmo?

Geralmente, a maior batalha que travamos é contra nós mesmos. Ao encarar tudo isso com uma nova consciência, você poderá descobrir um mundo de possibilidades que estavam escondidas na sombra desse medo. E vai perceber que, ao clarear o medo, só existirão oportunidades!

Que oportunidades estão sendo perdidas?

Que experiências estão sendo adiadas?

Você pode fazer muito ainda. Não se pressione em fazer tudo de uma vez, você não precisa ter uma atitude enérgica agora, nem se sentir sobrecarregado. Você precisa apenas planejar. O que importa é o planejamento cuidadoso feito da forma certa, que é o que faremos agora.

Escolha uma coisa que você sente que precisa fazer, algo que você quer muito fazer, mas nunca consegue concluir. Não se preocupe se você já quis fazer isso antes e não deu certo, ou se for algo totalmente novo.

Comece por listar em seu caderno os números de 10 a 1, sendo o seu objetivo como a décima e mais importante.

Em seguida, preencha essa lista com as ações específicas necessárias para cada item. Pode ajudá-lo iniciar no objetivo (número 10) até chegar no seu primeiro passo, fazendo a seguinte pergunta: "O que tem que acontecer antes de eu atingir meu objetivo?" Use essa pergunta para orientar o preenchimento do item 9. Em seguida, repita o processo com o item 8 e os demais, até chegar ao item 1, que deverá ser seu primeiro passo.

Continuando dessa forma, você pode estruturar suas metas em uma série de passos progressivos e alcançáveis, sem se desmotivar ou pensar em desistir. E se você ainda sentir medo de perder o controle de si mesmo, dessa forma, você poderá progredir de maneira controlada e observar seu próprio crescimento.

O que você planeja fazer como seu primeiro passo para superar seu medo de se expressar e agir?

Como você pretende usar o poder do planejamento ensinado para alcançar seus objetivos e não deixar o medo impedir seu progresso?

Lembre-se de que o progresso será alcançado passo a passo, e cada passo o aproximará da realização do que você quer. O que importa é você estar no controle do seu caminho e ter o poder de transformar seus planos em ações. Ver isso acontecendo de fato, dia após dia será sua motivação maior.

Sua próxima sessão vai impulsioná-lo a dar seguimento. Porém, o ideal é você ter feito pelo menos o seu primeiro passo antes disso. Lembre-se de que cada passo é uma conquista em direção ao sucesso que você merece, e você não precisa mais sentir medo de ser quem quer ser!

Sessão #24: Qual Voz Está Controlando Você?

Existe alguém na sua vida que parece sempre jogar um balde de água fria nas suas novas ideias, apontando razões para você não tentar nada de diferente? Por exemplo, quando você pensa em começar uma dieta, essa pessoa diz que, provavelmente, não vai funcionar. Ou, se você quer mudar de emprego, ela diz que está difícil conseguir algo novo hoje em dia. Isso também pode acontecer em um relacionamento, quando você sente que precisa ter uma conversa importante, mas esse alguém o aconselha a esperar, sugerindo que as coisas podem piorar. Mas, no fundo, fica a incerteza se a conversa poderia realmente piorar as coisas ou melhorar. Você já se sentiu assim?

Consegue identificar algumas pessoas que fazem você se sentir assim? Anote em seu caderno os nomes que pensou e escolha uma situação como exemplo. Marque esse acontecimento que você escolheu como "situação 1".

Agora escolha uma situação recente em que se sentiu desmotivado ou, até mesmo, boicotado por outras pessoas. Registre como "situação 2".

Muitas vezes, deixamos essas pessoas influenciarem nossa vida porque damos a elas uma espécie de controle sobre nossas escolhas. Isso acontece quando você busca suas opiniões, aprovação, ou por não adotar uma postura decisiva que transmita claramente que você é capaz de decidir e controlar sua própria vida.

Você já buscou a aprovação de outras pessoas antes de tomar uma decisão importante? Como isso afetou o que iria fazer?

Por mais que possa sentir a sensação de falta de controle, ainda é você quem permite a entrada dessas pessoas em sua vida, ou seja, ainda é você quem controla. É claro, isso não as faz terem o direito absoluto de controlá-la, mas quando se trata de liberdade de expressão em geral, é importante reconhecer que as pessoas têm o direito de pensar o que quiserem e expressar suas opiniões.

Nas sessões anteriores, falamos sobre a importância de permitir que as pessoas pensem e expressem suas ideias livremente, o que também garante a você o direito de fazer o mesmo. Mas tudo isso é diferente de seguir ordens e tomar ações baseadas apenas nas opiniões delas, se sentindo mal quando faz algo contrário do sugerido. Em algum momento, você já se sentiu assim?

Você pode ter pensado em várias pessoas que já lhe fizeram se sentir assim, contudo, mais forte do que os nomes delas, existe um nome que sempre prevalece. Sabe qual? O seu. Escreva logo abaixo dos nomes que você elencou: "Não importa as vozes dos nomes acima, minha voz está no controle da minha vida".

Além das vozes externas que podem aconselhá-lo, há uma voz que você tem escutado há muito tempo: sua voz interior. Ao longo dos anos, você tem buscado respostas positivas dela, mas, em vez disso, ela parece responder com negativismo, crises e medos, apontando motivos fortes, baseados em suas experiências passadas. Essa voz tem uma ótima memória e é tão familiar para você que a apelidou carinhosamente de "intuição".

Sua intuição dá a impressão de querer evitar que você faça mudanças em sua vida, pois ela se baseia em suas experiências passadas. Ela se lembra de momentos em que você agiu repetindo padrões e não obteve sucesso, o que a faz argumentar que é mais seguro se manter de certa forma a correr o risco de falhar novamente. Você já teve a sensação de que sua intuição o impediu de tomar decisões e fazer mudanças na sua vida? Consegue se lembrar de um exemplo recente?

Agora, sua intuição deve estar com o alarme disparado, achando que vou dizer para você ir contra a voz dela e fazer tudo ao contrário, mas não se trata sobre isso. A ideia principal é você compreender o que sua intuição está tentando de lhe dizer, na essência. Faz sentido para você que essa voz está querendo lhe dizer que, sempre que agir de acordo como já agiu no passado, você terá o mesmo resultado e, assim, com certeza, não dará certo novamente?

Você compreende que isso não significa fazer exatamente o contrário?

Convido você a clarear que essa voz não está proibindo nada, nem desencorajando mudanças na sua vida, mas, sim, ensinando que continuar fazendo as coisas da mesma maneira não dará certo. Sua função é apenas relembrar e alertar.

Quais mudanças você realmente quer fazer em sua vida, e essa voz insiste em dizer que não vai dar certo? Isso aconteceu recentemente; você consegue lembrar o que foi? Reflita por alguns minutos e escreva em seu caderno.

Você pode não se lembrar conscientemente de situações antigas em que sua intuição agiu, porque a mente inconsciente tem a capacidade de bloquear essas memórias. Isso pode ocorrer em razão de mecanismos de defesa que buscam proteger suas emoções e autopreservação. Às vezes, essas memórias podem ser dolorosas, e o inconsciente age como um filtro para evitar seu desconforto emocional. Afinal, se você tinha o alerta, por que insistiu em algo que "já sabia" que não daria certo?

É para evitar esse desconforto que, talvez, você não se lembre agora. Lembrando ou não, vou lhe ensinar a identificar a essência disso: o "sentimento primário".

Atendi uma pessoa que passou por uma demissão repentina, o que a fez se sentir constrangida em compartilhar a notícia com algumas pessoas, pelo medo de ser julgada. Essa mesma experiência se repetiu em um namoro longo que ela teve, no qual dizia que encerrou o relacionamento, quando, na verdade, foi seu namorado quem terminou. Em ambas as situações, a essência e "sentimento primário" foi a mesma: uma relação (profissional ou afetiva) que chegou ao fim de maneira repentina, contra sua vontade, deixando-a envergonhada em dizer como as coisas aconteceram.

Já aconteceu de você passar por uma situação que distorceu a verdade, por vergonha ou medo de ser julgado?

No exemplo anterior, identificamos sentimentos primários como vergonha, constrangimento, medo do julgamento, frustração, tristeza e, até mesmo, o fato de não querer reconhecer publicamente que outra pessoa finalizou uma relação com ela. Isso aconteceu nos âmbitos profissional e afetivo. Embora sejam áreas diferentes, consegue perceber como a essência foi a mesma? Em ambas, ela teve de enfrentar situações inesperadas que fugiram do seu controle e agiu da mesma maneira, querendo esconder o que houve.

Não precisamos detalhar tudo o que acontece em nossa vida para todo mundo, mas minha cliente sentiu que precisava dar algumas explicações. Contudo, por não se sentir confortável, criou outra versão da história. E você, já sentiu a pressão interna de dar explicações para outras pessoas, mesmo quando não era necessário? Como você fez?

O que você acha que a intuição da minha cliente "gritou" para ela?

Conversamos muito sobre a voz interna, e ela reconheceu que, por várias vezes, foi alertada sobre estar repetindo padrões. Ela percebeu que, se continuasse a agir da mesma forma no trabalho e nos relacionamentos, corria o risco de reviver experiências anteriores. Embora ela tenha interpretado essa voz como dizendo "você vai ser demitida do trabalho", a intenção da intuição não era fazer uma ameaça, como pareceu, mas, sim, aconselhá-la a mudar sua estratégia de trabalho. Da mesma forma, essa voz interna apontou que o relacionamento atual dela tinha semelhanças com o anterior. Logo, ela escutou isso como "todos são iguais, vai terminar igual". A intuição da minha cliente não apenas alertou que as coisas não estavam indo bem e que poderiam terminar em breve, como se fosse uma previsão, mas também queria que ela percebesse que estava repetindo o mesmo padrão que já havia causado o término no passado.

Embora minha cliente tenha reconhecido que essa voz lhe causava medo, pois parecia uma ameaça ou premonição ruim, era, na verdade, um aviso de que, se ela não mudasse esses padrões, poderia repetir o mesmo desfecho.

A intuição não estava dizendo para fazer exatamente o oposto ao que ela já tinha feito, mas, sim, para aprender com as experiências passadas e considerar abordagens diferentes ou ajustadas para evitar resultados semelhantes.

Você compreende que a mensagem dessa voz interior é mais sobre autoconhecimento e autorreflexão que uma proibição de algo ou um aviso de uma coisa ruim que vai acontecer? Clarear a essência dessa intuição é um dos objetivos desta sessão.

Pense na existência de um mecanismo interno, uma espécie de robô pessoal, que cataloga minuciosamente todas as informações sobre seus sucessos e fracassos, documentando cuidadosamente o caminho que o levou a cada um. Reconhecer que a intuição pode ser esse robô, capaz de nos alertar quando estamos prestes a recriar padrões do passado pode transformar a sua vida.

Outro objetivo desta sessão é você compreender como identificar o "sentimento primário". Ele é como uma chave que nos ajuda a captar onde estamos revivendo padrões.

Isso pode passar despercebido quando esses padrões se manifestam em diferentes áreas da vida. Minha cliente não havia percebido inicialmente que a situação nos âmbitos profissional e afetivo era praticamente a mesma. Para mim, que trabalho diariamente com isso, é fácil perceber, mas para quem nunca havia se questionado nem aprendido uma forma de identificar esses padrões, era algo realmente impossível de saber.

Encontrar o sentimento primário em situações passadas é fundamental para evitar repetições no futuro. Ao fazer isso, você direciona seu foco do problema para a sua nova habilidade de identificar esse padrão. Se somar o alerta da sua intuição com a identificação do sentimento primário, você é capaz de usá-los como um guia para evitar a repetição de padrões do passado.

Nos bastidores, sua mente inconsciente age identificando o sentimento primário e compreendendo que ele é resultado da soma de várias coisas. Então, sempre que você tiver chance de repetir esse mesmo sentimento, que ocorre no final, sua intuição alertará para não fazer aquilo daquele jeito. Novamente, não se trata de uma proibição ou presságio, mas de um alerta sobre você repetir um sentimento primário.

Agora que você sabe como analisar isso, como foi sua experiência na "situação 1"? Qual era seu sentimento primário?

O que de fato a intuição quis lhe dizer?

Será que realmente os outros o influenciaram como você achava?

As pessoas que nos cercam também podem fazer o papel da intuição. Muitas vezes, quando não compreendemos a verdadeira intenção das pessoas, podemos achar que estão nos boicotando ou desmotivando, igual pensamos sobre a voz interior. Isso pode acontecer quando alguém nos adverte de que algo vai dar errado e acabamos interrompendo o que iríamos fazer. Não porque a pessoa nos disse algo desmotivador, mas, sim, porque já estávamos convencidos de que não daria certo, só não demos ouvidos àquilo. A tendência é que se déssemos sequência, no final, iríamos nos sentir realmente com o "sentimento primário", porque estaríamos repetindo a forma de executar aquilo, ou seja, o fim seria igual das outras vezes que nos sentimos fracassados.

Você pode considerar captar essas vozes externas da mesma forma que aprendeu a captar a intuição, analisando se aquelas pessoas talvez possam ter dito aquilo por estarem percebendo um padrão em você que você não notou, por estar imerso.

Sobre a "situação 2", o que as vozes externas estavam querendo lhe mostrar? E a voz interna? O que você poderia ter percebido e evitado? Qual era o sentimento primário? Registre suas respostas.

Não se trata de evitar novas situações, mas de enxergá-las de maneira mais consciente, usando sua intuição como um guia e reconhecer que as vozes externas também podem trazer informações que você pode estar ignorando.

Olhando para o futuro, você tem a oportunidade de aplicar o que aprendeu, vivendo agora com essa nova consciência. E ao passar por situações semelhantes, você tem o poder de escolher como agir e reagir.

Quais foram os principais aprendizados sobre as situações que você escreveu no início da sessão?

Use essas lições passadas na "situação 1" e "situação 2" como um guia para tomar decisões mais alinhadas com o que busca em sua vida.

Sobre o momento presente, o que você pode fazer de diferente hoje em seu *mindset* para ter resultados diferentes?

A verdadeira mudança começa com a compreensão de seus padrões e a capacidade de usar a intuição como uma aliada, compreendendo que ela nunca boicotou você.

Agora que você compreende que a verdadeira voz no controle da sua vida é a sua própria, está pronto para aplicar esse entendimento e moldar seu caminho com confiança. Ao passar por situações semelhantes, seja no trabalho, seja nos relacionamentos ou em outras áreas, lembre-se desta sessão e de suas anotações.

Você se compromete a dar mais atenção a esses alertas de sua intuição? Tenho certeza de que sua intuição adorou esta sessão!

Sessão #25: Qual é o Seu Melhor Medo?

Qual medo você sente, que acredita ser uma espécie de protetor, motivador ou que, de certa forma, seja positivo? O positivo que me refiro aqui é sobre um ganho secundário que o medo possa proporcionar. Pode ser o medo de atravessar uma determinada avenida na sua cidade, o medo de enfrentar uma pessoa e dizer aquelas "verdades" ou, simplesmente, o medo de falar alguma coisa que você acredita que vá magoar alguém e, por isso, opta por não dizer nada.

Há algum medo em sua vida que você percebe como um motivador, algo que o ajuda, de certa forma?

Na maioria dos casos, existe uma intenção positiva consciente escondida pelo medo. Uma intenção positiva consciente ocorre quando compreendemos o motivo real de nossos sentimentos, quando estamos despertos e conscientes, agindo de maneira intencional e racional em relação ao que estamos vivenciando.

Se temos medo de atravessar uma avenida em nossa cidade, é porque já vimos ou ficamos sabendo de algum acidente que aconteceu naquele local. Mas, se temos medo de estragar alguma coisa e tomamos cuidados excessivos ao manusear tudo, é porque provavelmente sofremos alguma repreensão no passado por estragar ou quebrar alguma coisa. Neste caso, se você convive com esse medo, precisa saber a origem para se tornar um medo consciente, como no exemplo do medo de atravessar a rua.

A origem pode parecer óbvia em alguns casos, mas, pela minha experiência, nem sempre aquilo que aparenta ser a origem é a realidade.

Atendi uma pessoa de 45 anos com um medo imenso de atravessar uma rua em sua cidade. Ela costumava se sentir muito ansiosa e estressada sempre que sabia que precisaria passar por lá. Seu nível de estresse começava logo pela manhã ou, às vezes, na noite anterior, quando antecipava a travessia e imaginava possibilidades negativas. Investigamos se isso poderia estar relacionado a algum trauma de infância, experiências que ela poderia ter tido naquela rua anos atrás, ou se seus pais teriam transmitido algum receio em relação àquela área.

Foi surpreendente descobrir que ela e sua família tinham se mudado para a cidade há menos de um ano. Com isso, todas as possibilidades óbvias foram canceladas! Foi apenas após uma longa conversa investigativa que esclarecemos o motivo real de se sentir daquela forma.

Durante a infância, quando tinha apenas 4 anos de idade e vivia em uma cidade pequena no interior, seu pai estava profundamente entristecido em razão da perda de um amigo. Esse amigo, que estava de passagem na capital, uma cidade grande, para fazer alguns exames, foi atropelado e não sobreviveu ao acidente. Apesar de não conhecer pessoalmente esse amigo do seu pai, o que mais a afetou foi a dor que experimentou ao testemunhar a tristeza dele.

Você percebe que ela viu seu pai triste e associou a tristeza dele à cidade grande e grandes avenidas? Ao associarmos as coisas dessa forma – acredite, isso é muito corriqueiro –, vamos validando à nossa mente que aquilo sempre trará tristeza, além de não ser seguro.

É dessa maneira que nossa mente tende a validar essas conexões, resultando em crenças. Essas associações podem ter impacto profundo em nossas emoções e comportamentos ao longo da vida, como aconteceu com ela e, certamente, de outras maneiras, acontece com você.

Ela, já adulta, segue uma programação criada por ela mesma no passado, agindo de forma automática. Assim, toda vez que ela se depara com uma grande avenida, inconscientemente vai contra o que se programou. Afinal, se ela mesma gravou a informação de que grandes avenidas trazem tristeza e acidentes, por que estaria querendo passar por lá?

É lógico que ela se sentiria daquela forma, para que se lembrasse de não fazer aquilo. Acontece que a informação, por ser antiga, vem ao racional de forma incompleta e, muitas vezes, a percebemos como um trauma ou um "simples medo".

Ainda relatando esse caso da minha cliente, com seu pai agora idoso, ela cuidava dele de uma forma muito carinhosa, evitando sempre que ele ficasse triste ou que algo lhe faltasse. Isso pode não ser tão evidente para você, pois pode se assemelhar ao que uma boa filha normalmente faria. No entanto, ela mesma reconheceu que a forma como estava agindo era exagerada, considerando que seu pai não estava doente e gostava de sua própria independência, chegando muitas vezes dizer para ela se preocupar mais consigo mesma.

Algumas sessões depois, descobrimos que ela tinha até um grande medo de dirigir, mas, surpreendentemente, seu medo não estava relacionado com o ato de conduzir em si, mas, sim, com a possibilidade de atropelar alguém.

Consegue perceber como uma coisa está associada à outra? Você conseguiu "juntar os pontos"?

Como foi importante clarear a origem desse medo para ela? Qual era a sua intenção positiva? Sua principal intenção positiva sempre foi não deixar seu pai triste novamente. Isso era consciente quando ela me procurou? Não.

Você está disposto a clarear sobre seus medos e considerar como eles podem estar afetando sua vida e seus relacionamentos?

Considerando o exemplo da cliente, você acredita que alguns de seus medos atuais podem estar relacionados a pessoas ou eventos de sua vida que você nunca considerou?

Qual seu maior medo hoje? Reflita por alguns minutos e escreva o "medo bruto", mantendo o exemplo de minha cliente. Por exemplo, seu medo bruto era de atravessar uma avenida.

Qual é a relação entre seu medo e suas experiências passadas? Existe alguma ligação que você consegue identificar?

É comum termos uma lista de coisas das quais sentimos medo. Mas, quando sabemos exatamente sua origem, podemos analisar se ainda elas fazem sentido e se têm nos impedido de fazer algumas coisas. O que frequentemente acontece é que as pessoas experimentam medo em relação a coisas das quais nem mesmo conhecem a razão, e essa falta de compreensão pode ser prejudicial.

Não buscar saber origem de um medo também pode ser uma autoproteção, pois ao confrontar aspectos de si mesmo, você já imagina que outras questões podem surgir. Dessa forma, você não conseguirá mais evitar o autoencontro.

Consegue identificar sua principal intenção positiva consciente? No caso da minha cliente era não deixar seu pai triste, evitando grandes avenidas. Isso gerou até um certo medo em dirigir, pois se atropelasse alguém, como numa metáfora, ela seria como a mesma pessoa culpada pelo acidente com o amigo do seu pai. Reflita um pouco e descreva sua intenção positiva consciente sobre seu medo bruto.

É importante lembrar que enfrentar e compreender a origem desses medos é um passo fundamental para adquirir uma nova consciência e, consequentemente, parar de fugir de si mesmo. Compreendo que você já deu uma resposta anterior sobre um medo seu, mas gostaria que refletisse se talvez seu maior medo não seja sobre o que irá acontecer quando você parar de fugir de si mesmo.

É possível que esse medo esteja relacionado com o que as pessoas próximas a você perceberão após as transformações que você fará em sua vida ao clarear isso. Seu medo é magoá-las? Seu medo é se transformar e não ser mais aceito?

Talvez, seu medo seja se tornar quem você pode ser e transformar-se na sua melhor versão. O que você faria hoje se não tivesse medo de ser a melhor versão de si mesmo?

Você está indo bem, tão bem que concluiu a Sessão #25, o meio deste livro.

É hora de refazer a Sessão #0. Pegue uma nova página em seu caderno, coloque a data de hoje e refaça a sessão, sem olhar suas anotações anteriores, dando suas atuais perspectivas.

Ao finalizar, é hora de rever suas anotações iniciais, anotando na data de hoje suas percepções de mudanças e avanços. Você vai perceber que já se tornou uma melhor versão de si mesmo, comparando-se a seu eu anterior.

Sessão #26: Qual Foi o Último Presente que Você se Deu?

Pode ser algo tangível, como uma peça de roupa, um livro, um curso, um show, um perfume, ou até um passeio a um lugar que você sempre desejou conhecer. Talvez, o último presente que você se deu não tenha sido algo material, mas, sim, um encontro com alguém especial, uma conversa profunda, uma refeição sem restrições ou passar um dia inteiro sem fazer nada depois de meses trabalhando intensamente. Registre em seu caderno qual foi o último presente que você se deu.

Você se considera uma pessoa feliz? Em uma escala de 0 a 10, qual seria seu nível de felicidade? O que contribui para a sua felicidade? O que você acredita que está faltando para alcançar um maior nível de felicidade?

Talvez você esteja frequentando locais onde vê pessoas felizes e, por isso, acredita que também esteja feliz com a ideia de que, ao compartilhar um local com pessoas felizes, você será contagiado por essa felicidade. Por exemplo, festas, restaurantes badalados e parques de diversão, como a Disney, onde é difícil imaginar alguém triste.

É comum querermos "pegar carona" na felicidade alheia, e fazemos isso quase o tempo todo, inconscientemente. Um exemplo é quando assistimos a comerciais de produtos, bebidas e alimentos na internet ou televisão. Se você observar, geralmente, as pessoas nesses anúncios parecem estar extremamente realizadas ao consumir, o que nos dá a sensação de querer "pegar carona" em sua felicidade e realização. Ao vermos alguém desfrutando de um suculento hambúrguer, no meio de uma conversa agradável com amigos, e essa pessoa aparece sorrindo e cheia de energia, nossa mente acredita que podemos nos sentir da mesma forma, podendo até criar a sensação de infelicidade, se não pudermos ter aquilo.

Mesmo sabendo racionalmente que é uma encenação, nossa mente, ao assistir, foi condicionada a se alinhar com essas representações. A maior tendência é nos sentirmos realmente felizes ao consumir ou infelizes ao não consumir, representando de forma muito realista, até para nós mesmos. Com exceção de quando vemos algo e pensamos automaticamente: "que coisa absurda, nunca vou comprar isso", neste caso, mesmo se você comprasse, teria se programado a não gostar, apenas para manter o seu comando inicial, uma ordem mais antiga.

Aprofundando um pouco mais, quando somos crianças, não compramos objetos, mas, sim, ideias. Por exemplo, se você ouviu sua mãe falar mal de alguém que costumava descansar ou dormir até tarde, chamando essa pessoa de preguiçosa, naquele momento você teve que fazer uma escolha. Assim como quando assistiu ao comercial, você pode ter sentido vontade de "pegar carona" ou pensado "nunca vou comprar, isso é um absurdo", e ao escutar sua mãe falando mal de alguém que se permite descansar, você também escolheu. Porém, mais profundamente, aquilo vai definir sua autopermissão de tempo de descanso, ao longo de sua vida.

Se, quando você era criança, concordou com sua mãe quando ela fazia julgamentos negativos sobre alguém que estava se permitindo descansar, existe uma tendência muito grande de, quando adulto, se sentir relutante em tirar um tempo para descansar, pois poderá se considerar preguiçoso e associar várias outras críticas que foram absorvidas naquele dia, mesmo que nem se lembre mais daquele momento de forma racional. Mas foi naquele dia que você se programou para se sentir mal cada vez que se permitisse descansar, apenas por ter consentido, "comprado" a ideia da sua mãe.

Assim como ocorre nos comerciais, nos quais não existe alguém que force você a comprar um produto, no exemplo, sua mãe também não obrigou você a comprar a ideia. A escolha de concordar e simpatizar com o que ela disse foi uma decisão totalmente sua.

Do contrário, da mesma forma que quando você assiste a um comercial de que não gosta e julga aquilo ruim ou errado, você pode ter julgado negativamente sua mãe quando era criança, negando o que ela estava falando. Nesse caso, você se permitirá descansar quando adulto, sem culpas.

É preciso clarear que não se trata de sua mãe hoje saber se você dorme até tarde ou não, mas, sim, sobre um julgamento interno que veio pela autoridade dela na época. E você criou, por escolha própria, uma crença que permite ou não e que faz ou não você descansar.

Você já conheceu adultos que são muito parecidos com um de seus pais? Você é um deles? Considera ser parecido ou o oposto de seus pais?

Essas escolhas que tomamos, mesmo quando crianças, têm o poder de influenciar toda a nossa vida. Somente quando você reconhece essa influência é que se torna possível modificar essas crenças que moldaram sua vida, criando uma nova consciência.

Você se permite descansar?

Você é parecido ou o oposto de seus pais em relação a como lida com o descanso e o autocuidado?

Quando dorme até mais tarde, sente algum tipo de culpa? Você se considera atrasado de alguma forma?

Talvez, um de seus pais julgasse quem dormia muito, ou quem sabe eles dormissem muito e você se visse acordado antes de todos. Qual era seu caso?

Se você era quem acordava antes de todos, é possível que hoje você ainda se levante cedo, com satisfação em ser produtivo, mesmo quando está de folga. Isso acontecerá se, quando criança, você julgou quem dormia até tarde, por perder tempo ou por deixá-lo esperando. São muitas possibilidades, mas quis deixar algumas para você poder fazer sua autoanálise agora. Anote em seu caderno qual foi o seu caso.

Você já negligenciou algo importante para si mesmo em razão de compromissos com outras pessoas?

Com o entendimento de como a maioria de nossas crenças se forma, você está capacitado para responder a outra pergunta: Quem se autopresenteia é egoísta?

Você acha bom ou ruim quando alguém opta por escolher um presente para si mesmo, ainda que em algumas situações outras pessoas possam ficar em segundo plano?

É importante clarear isso, pois você pode se dar um presente e depois se sentir mal ou não experimentar a satisfação que esperava, apenas por ter uma crença, um comando anterior que você mesmo se deu, que sugere que se presentear é um ato egoísta.

Embora seja compreensível que você tenha compromissos com as pessoas ao seu redor, é importante se lembrar que às vezes pode acontecer de você negligenciar algo importante para si mesmo simplesmente porque acredita que não é certo. Você pode ter respondido que quem se presenteia não é egoísta, que algo é certo e bom. Porém, se após você fazer isso, surge uma sensação de erro e culpa, é porque existe um comando anterior, um julgamento a quem fez isso no passado.

É importante refletir bastante ao responder se acredita que se presentear é um ato egoísta. Seja qual for sua resposta, como essa crença afeta a maneira como você se trata e se cuida?

Esta sessão foi para clarear aspectos importantes sobre a formação de crenças, limitações e de sua personalidade. Você também pode agora fazer uma autoanálise sobre como está a qualidade de seu descanso, que é um assunto muito importante, mas muitas vezes negligenciado. Você acha que suas crenças sobre descanso são realmente verdadeiras?

Você identificou alguma crença ou julgamento que adquiriu na infância e ainda influencia suas escolhas e comportamentos?

Como você acha que essa crença impactou sua vida?

Como você se sente em relação a tirar um tempo para descansar e cuidar de si mesmo?

Existe alguma culpa associada a isso? Se sim, onde e quando você acha que essa culpa se originou?

Se a pessoa que você mais ama estivesse se sentindo culpada por descansar, cheia de crenças negativas sobre si mesmo, sabendo de tudo que você sabe agora, o que você diria a ela para virar a chave sobre isso? Registre sua resposta agora em seu caderno, detalhadamente, e escreva “recado especial”.

Você acha que merece cuidar de si mesmo?

Qual presente você gostaria de se dar?

Talvez você não consiga dar a si mesmo esse presente em pouco tempo, mas, com certeza, existe alguma coisa que você possa fazer ainda hoje por si mesmo. O que você pode fazer ainda hoje para se deixar mais alegre? Qual presente você gostaria de se dar? Pode ser algo pequeno ou algo maior, algo tangível ou uma experiência. O importante é identificar algo que traga alegria hoje.

Você merece cuidar de si mesmo com o mesmo carinho e palavras que daria a alguém que ama profundamente. Aquele “recado especial” é para você mesmo!

Sessão #27: O que Você Quebrou?

Já aconteceu de alguém pedir desculpas a você, mas essas palavras não resolverem o seu problema? Por exemplo, você gostava muito de algo que essa pessoa quebrou, seja um objeto como um copo ou seu computador, ou ter estragado uma coisa importante para seu trabalho. Pode ser também algo mais sentimental, como sua confiança ou admiração.

São possibilidades em que um pedido de desculpas pode não servir para nada, e isso não significa que você esteja apegado à ideia de não perdoar a pessoa. O pedido de perdão pode ter sido sincero e doloroso, porém, por mais que você perdoe e sinta tudo isso, essas palavras não vão trazer o copo ou a confiança de volta.

Assim como nos exemplos acima, um dia você também pode ter quebrado algo na vida de alguém e, embora possa ter se arrependido e pedido desculpas, talvez sua relação com essa pessoa nunca mais tenha sido a mesma. Consegue se recordar de uma situação assim? Você conseguiu pedir desculpas, ou a pessoa não deu essa oportunidade? Reflita por alguns minutos e registre em seu caderno.

Na época, você pode ter acreditado que foi algum tipo de rancor que essa pessoa guardou a seu respeito, mas faz sentido para você hoje, que, na verdade, você tenha quebrado algo irreparável? Talvez alguma expectativa que ela tinha sobre você?

E o contrário, você já experenciou uma situação em que você foi quem não deu oportunidade de a pessoa se retratar?

Da mesma forma que a pessoa prejudicada em uma situação tem o direito de decidir se aceita ou não as desculpas e precisará enfrentar as consequências causadas pelo outro, quem se considera o causador, ou seja, quem está pedindo desculpas, também deve encarar uma realidade: os resultados do que fez. Mesmo que alguém peça desculpas e a outra pessoa as aceite, algumas coisas acabam tendo consequências permanentes e o que quebrou talvez não volte mais.

E você, já presenciou alguém que fez algo realmente sério, mas pareceu não perceber o que acabava de fazer?

Muitas vezes é difícil lembrarmos que as pessoas pensam e sentem as coisas de maneiras diferentes de nós. Então, ao presenciarmos uma situação dessas, é comum nos sentirmos horrorizados quando percebemos que algo que consideramos grave parece não ser tão preocupante para a outra pessoa.

Isso não quer dizer que, para ela, o ato cometido pareceu pouco importante. Muitas vezes, a pessoa apenas não se comportou como você acreditava ser a forma correta de alguém se comportar naquela situação. Já parou para pensar nisso?

Atendi um cliente que compartilhou uma experiência de acidente de trânsito. Ele viu um homem atropelar uma criança, desencadeando uma série de colisões que envolveram outros três carros. O motorista que atropelou a criança saiu tranquilamente do seu veículo, visualizou a criança deitada no chão e ligou para a emergência.

Meu cliente, que estava em um dos outros três carros envolvidos, estava tão abalado que tremia e mal conseguia sair do seu carro, ou até mesmo fazer uma ligação. Ao comparar sua reação nervosa com a aparente calma do motorista que atropelou a criança, meu cliente julgou o motorista como estando errado. Mesmo que ele tenha feito a ligação necessária e não tenha fugido do local, aos olhos do meu cliente, parecia que o outro motorista estava agindo de maneira coerente de acordo com alguém que não estava se importando com o que causou.

Agora, gostaria que você pensasse em alguém que já tenha sido muito importante para você, mas que o magoou no passado e, atualmente, você não tem mais contato. Pode se tratar de um relacionamento anterior ou, até mesmo, uma amizade do passado, mas alguém (que foi ou ainda seja) realmente importante para você. Anote em seu caderno o nome dessa pessoa e a situação resumida, destacando os motivos que causaram o afastamento e pontuando três aspectos que você considera fundamentais para não manter contato com essa pessoa. Vamos chamá-la de "pessoa 1".

Você ainda se sente envolvido sentimentalmente com a "pessoa 1"? Pensa nela de vez em quando?

Gostaria de reaproximar, talvez se envolver novamente?

Você ama a "pessoa 1"?

Agora, vou perguntar algo bem delicado, mas é muito importante que você pense com calma e responda sinceramente. Na situação inversa, alguém para quem você foi muito importante, e você mesmo pode nem ter percebido na época o tamanho da sua importância para aquela pessoa, mas aconteceu algo que gerou um afastamento. Talvez você tenha ficado esperando por um tempo o contato dessa pessoa, mas isso não ocorreu. E pode ser algo novo pensar que você chegou a magoar essa pessoa porque, na verdade, você tinha seus motivos para agir como agiu. Tentando observar do ponto de vista do outro, afinal, quem você magoou? Faça um registro em seu caderno, incluindo nome, os motivos e três aspectos que a pessoa possa considerar, do ponto de vista dela, fundamentais para não querer contato com você. Essa será a "pessoa 2".

Você acredita que a pessoa "2" pense em você de vez em quando?

O que ela pensa sobre você? Sente saudades suas? Sofre pelo afastamento?

A "pessoa 2" ainda está magoada com você?

Independentemente de suas respostas acima, o fato é que você não conhece a realidade; apenas imagina e acredita saber, baseando-se em seu próprio comportamento. Como no exemplo do acidente que envolveu meu cliente, nunca sabemos ao certo como o outro se sente, e sim apenas como se comporta.

Da mesma forma, "a pessoa 2" não sabe os motivos que fizeram você agir como agiu, por mais que você acredite ter deixado claro. Ainda que alguém expresse palavras sinceras, elas nem sempre refletem como a pessoa se sente no momento. Quantas vezes você tentou explicar algo, mas não conseguiu fazer exatamente como gostaria?

Lembre-se: o fato de uma pessoa amar você, não impede que ela o decepcione. Igualmente, não podemos decepcionar quem não nos ama, uma vez que essas pessoas não investem atenção e expectativas suficientes para gerar decepção.

Abordaremos a "pessoa 3", que é aquela que, embora você ame muito, decepciona quase diariamente, culpando e julgando-a, fazendo com que deixe de confiar em si mesma muitas vezes. Você até a critica exageradamente, mesmo quando não há motivos. Reconhece essa pessoa? Sim, estamos falando de você. E se temos a capacidade de agir dessa forma cruel com nós mesmos, o que nos faz acreditar que os outros não fariam?

Você acredita na lei do retorno ou na espiritualidade em um nível avançado, quando tudo o que fazem para você, mesmo que possa demorar, retorna para quem fez? Faz sentido para você que se for mais gentil e maleável consigo mesmo, mudará o tipo de permissão que dá aos outros, fazendo-os agir dessa mesma forma com você?

Você costuma ser crítico consigo mesmo quando olha para suas ações ou decisões passadas? Como isso afeta sua autoestima e autoconfiança? Pense sobre isso por alguns minutos e anote, resumidamente, seus pensamentos.

Você sempre fez o melhor que podia com o que sabia naquele momento. Será que seria justo culpar Thomas Edison por não ter descoberto a lâmpada elétrica antes? Você o culparia?

A prática da autocompaixão pode ajudar a aliviar a carga emocional da autocrítica. Em que situações específicas você poderia aplicar isso?

Pedidos de desculpas, arrependimentos e palavras não resolvem problemas nem corrigem coisas que se quebraram. A intenção desta sessão não é que você se arrependa de situações passadas em que tenha sido rígido com outras pessoas, porque certamente você foi pior consigo mesmo. Em relação a essa autocrítica, como você pode ser mais gentil consigo mesmo?

Já houve momentos em sua vida em que você se sentiu profundamente decepcionado consigo mesmo. Consegue lembrar como isso o afetou emocionalmente?

Qual é a pequena mudança que você está disposto a fazer em sua vida diária para nutrir um relacionamento saudável consigo mesmo?

Você já entendeu que interpretou as coisas de acordo com suas percepções da época e os comportamentos que achava que os outros deveriam ter, baseando-se nos seus. Agora só falta clarear que você pode ser uma pessoa mais gentil consigo mesmo, não se cobrando ou se punindo tanto sobre coisas que já aconteceram, trazendo seu foco agora para o momento presente.

Ao longo de sua vida, você já quebrou e ainda poderá quebrar muitas coisas, mas não pode jamais permitir que algo se quebre: sua amizade e parceria consigo mesmo.

Qual a pequena mudança, na forma como se trata, que você está disposto a iniciar? Um autocuidado, uma gentileza, algo que seja acessível e, aos olhos dos outros, talvez pareça imperceptível, mas que será importante para não quebrar mais sua relação consigo mesmo. Anote em seu caderno e assuma este compromisso!

Sessão #28: Qual é o Seu Degrau?

Pense em uma situação difícil que demorou certo tempo para se encerrar. Pode ter levado um mês ou, talvez, dez anos, algo que foi realmente difícil para você, mas que, quando finalmente terminou, você percebeu que estava diante de uma nova fase. Faça um resumo dessa situação em seu caderno, incluindo quando começou e como a superou.

Agora, quero que pense: qual a situação do seu momento atual que, ao se resolver, vai transformar a sua vida? Pode ser um emprego de que você não goste e que, ao trocar, vai realmente mudar tudo na sua vida; uma mudança de casa; ou uma cirurgia que você quer fazer. Anote também em seu caderno, marcando essa situação como o seu "degrau".

Imagine uma extensa escadaria em que cada degrau representa uma fase de sua vida. Visualize essa escadaria como uma metáfora para sua vida, com degraus que representam as etapas necessárias, e você está vindo de cima.

Para ir ao próximo degrau, será necessário descer, pois você já veio de cima. Para fazer isso, é preciso encerrar a fase atual, e, ao contrário dos *games*, quanto mais você sobe de fase (ou desce o degrau), vai ficando mais e mais fácil. Isso mesmo: é ao contrário! A fase difícil é lá em cima e você vai descendo. Como você já está no topo dessa escadaria agora, as fases (degraus) seguintes tendem a ser mais fáceis.

Qual é o degrau atual em sua vida? O que você acredita que precisa aprender ou superar antes de passar para a próxima fase?

Você já percorreu alguns degraus antes na sua vida e agora está descendo lentamente porque já possui experiência de como é quando você desce correndo: alguns tropeços e tombos que machucam. Então, sim, é prudente fazer as coisas com cautela e ir descendo um degrau por vez.

Quando você era criança, aconteceu de seus pais dizerem para não descer a escada correndo, e, mesmo assim, você o fez e caiu? Mesmo que não tenha sido na escada, situações semelhantes ocorreram de outras maneiras. Com o tempo, você aprendeu a não se apressar. Da mesma forma, a vida nos proporciona experiências, e cada momento se torna uma oportunidade de aprendizado. Até que tenhamos aprendido o "recado", as coisas tendem a repetir, pois não há como passar de fase sem o aprendizado correspondente.

Vou explicar isso melhor com um breve exemplo envolvendo uma cliente minha. Ela entrou no elevador e percebeu que algo estava errado, pois ele não estava seguindo diretamente para o térreo, como de costume, mas, sim, parando em cada andar. Após 18 andares, descendo um de cada vez, com a porta se abrindo e se fechando a cada andar, ela começou a se questionar, sentindo que talvez houvesse uma lição a ser aprendida ali, embora não chegou a nenhuma conclusão. Quando ela compartilhou essa experiência comigo, fiz algumas perguntas a ela, e convido você a se imaginar na mesma situação e responder, anotando cada resposta em seu caderno, como se a situação tivesse acontecido com você:

O que você faria no lugar dela?

O que ficaria pensando, enquanto estivesse dentro do elevador?

O que ou onde você está tentando ir "direto" na sua vida? O que não está tendo a paciência de experimentar passo a passo, em cada etapa?

O que deve aproveitar e vivenciar agora, em vez de ansiar pela chegada imediata?

Após anotar essas respostas, convido você a questionar o motivo da sua pressa. É claro que quando estamos com um problema de saúde ou uma dívida, por exemplo, queremos muito resolver isso logo, porém, como falamos antes, se não experenciarmos o "degrau", será impossível sair dele e descer para a fase mais fácil.

Se você ainda está nesse "degrau", é porque falta um aprendizado. O que falta no seu degrau atual?

Na escola, é comum termos requisitos, como atingir uma nota mínima, para avançar para a próxima fase, não é verdade? O mesmo acontece no ambiente de trabalho ou para ser aprovado em um concurso público. Então, por que acreditamos que na vida seria diferente? A diferença está apenas na falta de um "manual" que estabeleça essas regras de maneira tão clara, e é isso que estou querendo clarear para você nesta sessão.

Você já imaginou se tivéssemos um manual de instruções para a nossa evolução? Você acha que o compraria?

Se esse manual detalhasse exatamente o que você precisa aprender em cada fase da vida, você seguiria o manual à risca ou tentaria personalizá-lo, criando atalhos e maneiras pessoais para fazer as coisas?

Agora, considere que, quando não temos acesso à informação, é comum repetirmos escolhas ruins por achar que aquilo é a única forma de agir. E se, de repente, você tivesse acesso ao manual de sua evolução pessoal, contendo cada degrau (etapa) de sua vida? Com esse manual, você saberia o que precisa fazer e como não fazer as coisas. No entanto, com todas essas informações à sua disposição, você passaria a ser mais cobrado por suas novas escolhas e atitudes. Ainda assim, compraria o manual ou preferiria fazer as coisas de forma arriscada, mas do seu jeito?

Imagine, por exemplo, que durante toda a sua vida você tenha escolhido comprar açúcar da marca Y, no mercado X e pagava com débito. Agora, com o conhecimento do manual, você entende que essa não é a melhor forma de agir. Isso não faria você deixar de querer açúcar, mas você poderia comprar de outra marca, em outro mercado e pagar de forma diferente, exatamente como o manual sugere. O manual não forneceria o nome do mercado novo, mas ensinaria a dar preferência a mercados que oferecem produtos mais alinhados com suas necessidades de evolução, bem como orientaria escolher métodos de pagamento distintos.

Assim, o manual não apenas apontaria o caminho, mas também capacitaria você a fazer escolhas mais conscientes e adaptadas às suas necessidades de evolução, de acordo com o seu degrau. Como você reagiria a esse nível de orientação e responsabilidade?

Ainda seguiria seu próprio caminho ou faria o que consta no manual?

Você se considera uma pessoa teimosa ou maleável?

Qual seria sua principal habilidade, descrita no manual, que você simplesmente ignora ter? Registre em seu caderno como "habilidade do degrau".

Infelizmente, não sei onde sugerir que compre seu manual evolutivo personalizado, e, mesmo se soubesse, você poderia simplesmente guardá-lo em uma gaveta e nunca lê-lo. Sabe por quê? Porque tomar consciência do que está escrito nele e, ainda assim, optar por fazer as coisas de maneira diferente pode tornar o fardo do seu degrau mais pesado. Principalmente se você desconsiderasse suas habilidades, mesmo depois de saber tê-las.

Errar em uma escolha é difícil, mas saber o que deveríamos ter feito e optar por agir de maneira contrária pode ser ainda pior. Você já passou por isso? Essa responsabilidade pode ser uma carga pesada.

Às vezes, tudo o que precisamos para mudar de fase é tempo. Mas, na maioria das vezes, o que nos atrapalha é nossa impaciência em querer chegar rapidamente à próxima etapa, como no exemplo do elevador.

Quero compartilhar com você o desfecho da história da minha cliente. O degrau dela estava difícil porque naquele dia ela estava com pressa de chegar ao trabalho para uma importante reunião que poderia levá-la a uma promoção. O elevador, de forma gentil, permitiu que ela revisse se tinha tudo o que precisava consigo. Infelizmente, por não ter feito essa reflexão, ao chegar ao trabalho e na reunião, percebeu que havia esquecido duas coisas importantes, por haver saído atrasada mais uma vez. Em virtude dessa "falta de comprometimento", segundo seu chefe, ela não conquistou a promoção. Mas ela notou que seu colega que recebeu a promoção era "impecável". Segundo ela, sempre pontual e com todos os materiais necessários a qualquer hora, mostrando-se sempre disponível.

Ela reconheceu, no fim da sessão comigo, que não estava tão disposta assim a mudar seus hábitos e comportamentos por aquela promoção. Ficou chateada no dia? Claro que sim, mas, ao conversarmos, ela percebeu não estar pronta para mudar de degrau e, em vez de amaldiçoar o elevador, ela até pediu perdão, pois viu que ele estava a ajudando a entender muitas coisas, inclusive que não queria tanto assim o cargo.

E você, o que falta reconhecer?

O que você sentiu ao perceber que pode estar "correndo" para a próxima fase de sua vida?

Você identificou situações em sua vida em que agiu com pressa e acabou enfrentando consequências, como a minha cliente? Como você pode usar essas experiências para se tornar mais consciente de suas escolhas no presente?

O que falta para você ir para o próximo degrau da sua vida?

O que falta acontecer para que você mude de fase?

Qual a "habilidade do degrau" que você poderia estar utilizando?

Quais outras habilidades você já possui, mas não utiliza? Liste cinco.

O que você acha que o impede de reconhecer e utilizar essas outras "habilidades do degrau"? Como você pode começar a aproveitá-las de forma mais consciente agora?

Você já possui o conhecimento sobre essa fase atual, afinal, já faz um tempo em que está nesse mesmo degrau. Não se apresse sobre a fase seguinte, mas busque saber o que ainda não foi feito nessa. Se você aprender tudo o que precisa agora, a próxima fase será mais fácil! O que você acredita que o está impedindo de aprender o que precisa nessa fase atual?

O comprometimento é a base para o sucesso. Reconhecer o que o impede de se comprometer é o primeiro passo. Lembre-se de uma situação no passado em que sua falta de comprometimento teve consequências negativas. Escrever isso em seu caderno será a prova de que você não quer repetir aquele resultado.

Assim como minha cliente estava com pressa no dia do elevador, reflita sobre uma situação passada em que agiu com pressa e enfrentou consequências. O que você poderia ter feito de maneira diferente?

O importante agora é compreender o que falta você aprender, mas que não aprendeu ainda. Qual pergunta faltou eu lhe fazer, que se eu fizesse, lhe teria trazido clareza? Agora é com você!

Sessão #29: Deus Está Chateado com Você?

Independentemente e livres de qualquer religião, nesta sessão abordaremos o conceito de espiritualidade de forma ampla. Há quem sinta a espiritualidade como sendo uma conexão com o Universo, uma força superior, ou até mesmo como Deus. Se uma palavra diferente fizer mais sentido para você, sinta-se à vontade para adaptá-la nesta sessão.

Você tem clareza sobre sua fé? O que é a espiritualidade para você?

Qual é a importância da espiritualidade em sua vida?

Quem é Deus? Como você enxerga Deus, a espiritualidade e o Universo?

Reflita sobre essas questões por alguns minutos e escreva em seu caderno suas respostas.

Levando em consideração a totalidade da espiritualidade, como você se vê no contexto de tudo isso? Acredita que existem razões para Deus estar chateado com você?

Reflita por alguns instantes sobre alguma vez em que sentiu estar sendo punido, de alguma forma, pela espiritualidade. O que você tinha feito?

O que fez você acreditar estar sendo punido? Reconhecer seus sentimentos de culpa e punição é o primeiro passo para liberar essas emoções e avançar. Descreva essa situação, detalhando seus sentimentos e os acontecimentos.

Talvez, hoje, você se sinta como se fosse o espectador de sua própria vida, apenas observando os dias passarem sem realizar as coisas que deseja. É possível que se sinta passando despercebido, sem parecer correto se destacar, por receio de desapontar ou entristecer a espiritualidade, como se algo que você desejasse muito em seu coração fosse até uma forma de pecado.

É compreensível se você não puder fazer as coisas que gostaria porque tem tarefas, compromissos e obrigações prioritárias. E tudo bem se você aprendeu que seria errado chamar a atenção para si, pois devemos ser pessoas discretas e humildes, seguindo certa rotina e costumes, por receio de possíveis "castigos divinos". Algumas destas situações fizeram sentido para você? Reflita com calma e responda sinceramente se algum desses é seu caso.

Você acredita que Deus ou a espiritualidade castiga as pessoas? Se sim, quando isso acontece? Ao machucar fisicamente alguém ou roubar, por exemplo, seriam motivos razoáveis desse castigo divino? Quero que você escreva agora outros possíveis três motivos que poderiam levar a espiritualidade a castigar alguém.

Considerando tudo o que você escreveu como verdade, você também acredita que, além disso, exista algum tipo de consequência para aqueles que não conseguem cumprir suas missões de vida?

Será que há um castigo, por exemplo, para aqueles que recorrem a desculpas para não "botar a mão na massa", ou melhor, na sua vida? O que você acha sobre isso? Anote também o que acredita.

Você acredita que Deus aplicaria algum tipo de punição para quem se esconde por trás de outras pessoas, encontrando desculpas diariamente para evitar fazer as coisas que gostaria e, em consequência, desperdiçando a própria vida? Qual seria esse tipo de punição?

Responsabilizar as pessoas ao nosso redor, por não realizarmos o que desejamos ou consideramos parte de nossa missão de vida, é uma prática mais comum do que deveria ser. Fazemos isso mentalmente várias vezes por dia, e algumas, até verbalmente. Cada vez que pensamos em fazer uma viagem, comprar uma roupa diferente ou ir a determinado restaurante, e não podemos, seja por questão de horário de trabalho ou de alguém de nossa família.

São coisas pequenas, mas recorrentes, que fazemos sem perceber. Quais desculpas e medos têm impedido você de seguir sua missão?

Isso não significa que você é uma pessoa que culpa os outros o tempo todo, apenas quer dizer que você não consegue fazer tudo o que deseja sempre, o que é totalmente aceitável, afinal, é assim com todo mundo.

Até mesmo aquela cantora famosa, aquele ator e os influenciadores que fazem parecer ter tudo sob controle e agir de acordo com seus desejos, em suas vidas perfeitas *on-line*. Pois é, nem eles conseguem ter tudo o que gostariam, porque o dia para eles também tem apenas 24 horas, fazendo com que tenham que fazer concessões e priorizar algumas coisas, mas, claro, nem sempre vão expor isso, pois, assim como você, também se envergonham de alguns sonhos frustrados que possuem.

Anote sua idade em seu caderno e responda: você acredita que já cumpriu sua missão de vida? Você sabe qual é sua missão de vida? Já pensou sobre isso?

Hoje em dia, o ambiente *on-line* frequentemente dá a impressão de que a missão de vida precisa ser algo grandioso, público e envolver a administração de uma conta popular e famosa em redes sociais, com muitos seguidores interagindo com seus conteúdos, mas convido você a pensar se a maioria dessas pessoas não está apenas trabalhando.

O que significa ter uma missão de vida para você?

Depois de abordarmos um pouco mais sobre isso, você já identificou verdadeiramente qual é sua missão de vida ou o propósito que deseja cumprir? Como se sente em relação a isso?

Gosto de pensar que minha missão de vida pode estar relacionada não apenas a ajudar as pessoas sobre questões específicas, mas também a auxiliá-las a se conectarem consigo mesmas, permitindo que descubram e vivam o caminho para cumprir suas próprias missões de vida. Afinal, sem entender quem somos, sem clarear aspectos importantes sobre nós, é difícil viver algo realmente significativo.

Logicamente, isso não precisa ser algo exclusivo meu. Se minhas palavras fizeram sentido para você, pode adaptá-las e incorporá-las em sua própria jornada, caso não tenha algo ainda claro para você. É provável que você conheça alguém que esteja desanimado em relação à vida, com baixa autoestima, mas em quem consegue identificar muitas habilidades e pontos fortes, muitas vezes, que a própria pessoa não percebe.

Às vezes, algumas palavras de encorajamento, expressas de forma simples, têm o poder de causar um impacto imenso na vida dessa pessoa, provocando uma transformação importante e aproximando-a ainda mais de sua própria missão de vida. Isso é uma habilidade e, pode não parecer, mas esse tipo de conexão é mais valioso que uma postagem que recebeu um milhão de curtidas!

E quanto a você, quais habilidades e talentos possui, mas ainda não tem utilizado?

Como você pode usá-los para cumprir sua missão de vida?

Talvez você já tenha utilizado, mas não percebeu. Seja como no exemplo anterior ou de outras maneiras, você já colaborou com alguém para que estivesse mais perto de alcançar sua missão de vida? Já sentiu isso?

Existe um desejo profundo em seu coração de realizar algo que você tem em mente para contribuir com o mundo e as pessoas ao seu redor?

Há algo em que você se destaca, você sabe que faz com maestria e que outras pessoas já reconheceram como um de seus pontos fortes?

Isso está muito alinhado com sua missão de vida. Ela não é associada a nada que você não saiba fazer ou não faça bem, não é algo difícil (não para você).

Acreditar que é difícil usar suas habilidades e seus pontos está entre as desculpas que algumas pessoas dão para não assumir que é mais fácil do que parece. Sua missão de vida está vinculada a algo que você realiza com excelência e facilidade, alguma coisa que você poderia ensinar às pessoas, uma habilidade que você executa com facilidade e tem potencial de transformar o mundo ao seu redor. É provável que você já até faça, mas ainda não percebeu.

Hoje, desejo clarear sobre o fato de que, às vezes, para cumprirmos nossa missão, embora seja mais fácil do que pareça, é necessário renunciar certas coisas. Mesmo que atualmente essas coisas sejam importantes e façam parte de sua vida, se não estiverem alinhadas com seu verdadeiro eu, acabam por atrapalhar sua conexão com este chamado.

Para deixar algumas coisas para trás em paz, é preciso ter claro em seu coração que Deus ou a espiritualidade não castigará nem se chateará com você por causa disso. É justamente o contrário! Não utilizar um dom único que você possui seria, na verdade, um grande desperdício e, talvez, até um pecado. Isso faz sentido para você?

Agora, com sinceridade, nem é preciso anotar esta reflexão. Quero que apenas reflita em seu interior: quantas vezes você encontrou desculpas para evitar seguir o que reconhece como sua missão? Quantas vezes sentiu um "chamado" para fazer algo e não o seguiu?

Quais atividades ou áreas despertam um profundo senso de propósito e realização em sua vida? E quanto a seus valores, como será que isso se relaciona com sua missão de vida? Anote em seu caderno o que pensa sobre isso.

O que você poderia fazer para incorporar gradualmente esse chamado em sua vida, sem causar impactos drásticos?

Lembre-se: fazer mais pelos outros não significa fazer menos por você. É encontrar um equilíbrio entre contribuir para o bem-estar de todos, incluindo você. O caminho da descoberta e reconhecimento de sua missão de vida é um ato de profunda conexão consigo e com o Universo.

A cada passo dado, cada vez que reconhecer seus dons e talentos, e sempre que renunciar ao que não lhe faz sentido, você estará mais perto desse chamado, livre de culpas e medos.

Sinta orgulho de quem você é e das bênçãos que pode trazer ao mundo! Siga seu coração e sua missão com confiança, pois, certamente, é isso que a espiritualidade espera de você. Como você se recompensa ou reconhece seu progresso? Você já celebrou alguma conquista relacionada à sua missão de vida?

Você já reconheceu o orgulho que sente por suas conquistas até agora em sua vida? Como esse reconhecimento e orgulho influenciam seus próximos passos? Quando não reconhecemos o que temos ou fizemos de bom, não é possível vermos coisas boas no futuro. Quem, além de si mesmo, estava chateado com você?

Você já possui todo conhecimento de que necessita até aqui. Busque respostas internas e, também, em seu registro pessoal de aprendizados. Pode ser um bom momento reler suas anotações e refletir sobre sua evolução. E depois responda: como você se sente agora, pronto para dar esse próximo passo?

Sessão #30: Qual a Maior Mentira que Você já Contou?

Comece refletindo sobre as histórias que você criava na infância, depois sobre as mentiras e coisas escondidas que fez na adolescência, e siga até a última mentira que contou. Anote em seu caderno uma mentira da infância, outra da adolescência e a última mentira de que se lembra de ter contado.

Agora, selecione a mentira que você considera a mais grandiosa ou de maior vergonha e se arrependa de ter contado. Pode ser que seja uma quarta mentira, ou ela pode estar inclusa nas três que você escreveu, podendo ter acontecido há muito tempo, há duas semanas ou apenas duas horas atrás. Após escrever, marque com um asterisco.

Considerando a maior mentira que escolheu, escreva se ela feriu alguém ou se foi para proteger alguém. Também se foi para se autobeneficiar ou beneficiar alguém (um amigo, parente ou empresa).

O fato é que todas essas mentiras que você relatou não chegaram nem perto da maior mentira que você já contou. A maior mentira está naquilo que sussurrou para si mesmo, muitas vezes sem expressar em palavras ou contar com alguém. É aquilo que você disse para si mesmo quando ainda era criança, ao fingir não ouvir uma conversa que o machucou e tentou esquecer depois; na vez em que acreditou em algo que lhe disseram e isso tem ferido você até hoje, mesmo sabendo que aquilo não é verdade. Você inconscientemente optou por manter essa mentira até hoje, apenas para se machucar. Já sabe do que estou falando?

É uma frase ou afirmação que você começou contar para si durante a infância, prosseguiu na adolescência e continua a repetir até hoje. Talvez seja algo que você tenha reforçado em sua mente há menos de duas horas. O que você repete para si diariamente, mesmo sabendo que é uma mentira? Qual é essa frase?

Essa frase é algo que você constantemente repete quando tenta acreditar que não possui poder ou capacidade para fazer algo em sua vida. Você consegue agora escrever a frase que você mesmo se repete?

O objetivo desta sessão é clarear que o verdadeiro problema não é uma única frase, mas, sim, o fato de que existem muitas delas. São afirmações que você criou e moldou no passado, geralmente em momentos difíceis, e que agora dominam sua mente, reforçando diariamente uma falsa crença. Cada vez que você se sente motivado a agir, essas frases ou palavras surgem, sabotando suas possibilidades e zerando sua felicidade interna.

Cada vez que você insiste em dizer a si mesmo que é incapaz, que está preso em um ciclo interminável, que ninguém o ama, que o fracasso é inevitável, que nada sai como deveria, que é preguiçoso, sem valor, procrastinador, e se rotula como incompetente, juntamente com outras três autoavaliações negativas que você mesmo preencherá em seu caderno agora. Quais são?

O pior de tudo é saber que isso foi criado por você – o maior mentiroso que já existiu! Nesse momento você precisará fazer uma escolha: ser tudo aquilo que está escrito acima, acrescentado ao que você escreveu, ou ser o maior mentiroso do Universo. Eu, sinceramente, sugiro, que escolha ser o maior mentiroso.

Você pode escolher parar de mentir para si de agora em diante, mas, se você quiser ser a pessoa mais sincera do Universo, terá que validar diariamente, para sempre, ser aquelas coisas todas. A escolha é sua, o que você escolhe?

Este pode parecer um exercício estranho ou até uma brincadeira, mas anotar sua escolha é importante. Principalmente, porque você tomará uma decisão entre se honrar cada vez que repetiu mentiras para si ou se perdoar, reconhecendo ter mentido para si a vida inteira. O que você escolheu? Escreva sua resposta.

Ao se comprometer em ser "o maior mentiroso" ou a parar de mentir para si, como você planeja aplicar essa mudança em sua vida diária?

Sugiro que você repita em voz alta a seguinte frase: "Eu reconheço que menti pra mim mesmo no passado e me perdoo por minhas autossabotagens, abraçando agora meu futuro com honestidade e positividade".

Você pode adaptá-la como fizer mais sentido para você. Com a frase acima, sua mente vai querer, automaticamente, reconhecer e redimir-se por todas as vezes em que se contou essas mentiras, ao mesmo tempo que abandonará o hábito de se criticar constantemente.

Com o exemplo da frase acima, qual dizer você criaria para se perdoar e abandonar o hábito de se criticar constantemente?

Você escolheu ser "o maior mentiroso" ou optou por parar de mentir para si e se perdoar? O que motivou sua escolha?

Quantas coisas você já conquistou até hoje? Reflita sobre algumas coisas das quais se orgulha em ter conquistado e anote. Isso também vai desvalidar as mentiras, devolvendo o controle a você.

Você identificou situações em que as mentiras que contou para si afetaram suas ações e escolhas na vida? Descreva algumas dessas situações.

Certamente essas mentiras afetaram sua autoestima. Você já percebeu o impacto negativo disso em sua vida?

Conforme os dias passarem, lembre-se de identificar essa autossabotagem. Caso sua mente tente ressuscitar aquelas velhas frases, responda com firmeza, afirmando que aquilo é uma mentira e que você não quer mentir mais. Esse é o primeiro passo para recuperar seu poder e pavimentar uma nova consciência.

Agora, vamos criar algumas afirmações, como uma espécie de "carta na manga" para você utilizar, caso sua mente tente gerar uma nova autossabotagem no futuro.

Aqui estão sete inícios de frases. Como exercício, sua tarefa será preencher o restante delas, personalizando com o que fizer sentido para você.

Depois, crie mais três frases completas, totalizando um conjunto de dez afirmações pessoais. No final, escolha algumas para usar como um lembrete constante de seu poder pessoal. Você pode deixá-las escritas em lugares de fácil acesso, como no seu celular, um mural ou onde quiser!

"Minhas ações definem meu sucesso e eu sei que..."

"Acredito em mim mesmo, porque..."

"Eu escolho acreditar que..."

"Eu mereço todas as conquistas que busco porque..."

"A maior verdade que existe é..."

"Em cada desafio, encontro..."

"Eu sou capaz de superar isso porque..."

Sessão #31: Quem é a Pessoa Mais Importante para Você?

Quem é a pessoa mais importante, hoje, para você? A resposta que pode parecer mais apropriada é "você mesmo", mas a realidade é diferente disso.

Por quem você acorda e se levanta da cama diariamente? Pode ser seu filho, alguém de sua família, seu chefe, seus clientes, etc. A primeira pessoa que vier à sua mente é o nome que você deve escrever, sinalizando-a como "pessoa 1".

Falaremos agora sobre uma segunda pessoa. Alguém que ocupa seus pensamentos durante todo o dia, às vezes até sem você desejar pensar tanto nela! E talvez essa pessoa não mereça tanta atenção assim, mas você está sempre disponível quando ela chama, ou até mesmo antes de ser chamado. Pode ser que essa segunda pessoa importante em sua vida seja alguém que você não gosta, talvez até a deteste ou lhe deva algo. Talvez seja você quem tem pendências com ela. Ou seja, alguém que você deseja afastar de sua vida, mas não consegue ou não pode ainda. Anote o nome dessa "pessoa 2" em seu caderno.

Como você considera sua relação com a "pessoa 1" e com a "pessoa 2"?

Independentemente de as pessoas mencionadas serem membros da sua família ou não, como você classificaria sua relação com sua família hoje, em uma escala de 0 a 10?

Quem você considera fazer parte de sua família? Escreva o nome das pessoas e sinalize como "família principal".

E se pudéssemos ampliar sua noção familiar, quem você consideraria fazer parte também, mas que inicialmente não considerou? O que o impediu de incluir essas pessoas logo no começo? Informe os nomes e motivos que fizeram você excluí-las antes.

Ampliar a definição de família é um exercício que nos leva a questionar as razões pelas quais certas pessoas foram excluídas de nossa consideração. Existem várias possibilidades para isso, como diferenças ideológicas, desentendimentos passados, distâncias geográficas, ou simplesmente nunca ter tido a oportunidade de construir ou manter um relacionamento mais próximo. Às vezes, nossa própria hesitação em perdoar ou superar diferenças é o que nos impede de considerar alguém como membro de nossa família. Esse foi seu caso?

A vida está em constante evolução, e, assim como você tem se permitido mudar muito até agora, as pessoas também podem. O que uma vez pareceu ser uma justificativa sólida para a exclusão no passado, pode já não fazer sentido no presente.

Além da "família de sangue", é fundamental estarmos dispostos a reconhecer que podemos incluir pessoas próximas como membros da família, mesmo que não haja parentesco biológico. Talvez você tenha uma amizade tão especial que considera essa pessoa mais como um irmão ou irmã do que alguns de seus parentes de sangue.

Você já teve ou tem alguém assim em sua vida? Se sim, descreva agora como é sua relação com essa pessoa. Pode escrever como "pessoa 3", mencionando o que faz você considerar essa pessoa tão especial.

Priorizar e excluir pessoas de nossas vidas deve ser uma ação consciente, não apenas em suposições ou passados negativos, ainda mais quando estes são sugeridos por outras pessoas, ou seja, quando não sabemos a realidade, apenas um lado da história. Falando agora, principalmente sobre a "pessoa 1" e "família principal", como você considera a influência que essas pessoas têm em sua vida?

Você já tomou partido movido pela ideia dessas pessoas? Por exemplo, uma dessas pessoas contou uma história como vítima de uma injustiça, porém a pessoa acusada, sendo ou não próxima sua, não teve oportunidade de resposta, pelo motivo de você ter escolhido um dos lados, antes mesmo de saber o outro lado da história. Isso já aconteceu com você?

Talvez, tenha ocorrido exatamente o contrário: você foi a pessoa que alguém acusou. Mesmo sem estar envolvido na história, este terceiro adotou uma posição ou tomou uma decisão baseada em considerar alguém como extremamente importante ou "intocável", acreditando cegamente no que lhe foi dito. Certamente você passou por uma dessas situações, um ou ambos os lados. Seja como for, lembre-se do que aconteceu, transcreva em seu caderno resumidamente a situação, nomeando os envolvidos.

Sobre os envolvidos, hoje você possui contato com essas pessoas? Como é sua relação com eles?

Houve uma oportunidade de esclarecer tudo?

Até esse momento, você já havia parado para pensar na possibilidade de uma das pessoas não saber até hoje o que de fato aconteceu na época?

Existe alguém, mesmo que você não conheça pessoalmente, como um artista ou influenciador, que lhe inspira? Escolha três pessoas que você segue em redes sociais e escreva os nomes.

Às vezes, é surpreendente como nossa percepção pode ser moldada pelas nossas influências, e é importante questionar a verdade que pode estar oculta por trás dessas relações.

É de nosso poder escolher para quem entregamos esse poder de influência. Não nos cabe julgar o outro, porque também estamos do outro lado algumas vezes, nos deixando levar, simplesmente, em ato ingênuo ao acreditar quando ouvimos alguma história, que parece ser inocente. Não se trata de julgar se a versão que nos foi apresentada é verdadeira ou não, mas, sim, de compreender que aquilo é apenas a percepção do outro, moldada por suas próprias crenças. Será que você consegue, na próxima vez, que alguém vier lhe contar algo, lembrar disso? Resuma esse trecho em seu caderno, para que assim, fixe em sua mente consciente.

Um dos objetivos desta sessão é descobrir quem é a pessoa mais importante para você. A "pessoa 1" certamente é uma das mais importantes para você, pois o motiva, sendo por amor ou por responsabilidades. A "pessoa 2" é alguém com quem você tem pendências não resolvidas ou coisas mal esclarecidas. A "pessoa 3", por não haver motivo racional que justifique a presença dela em sua vida, pode ser, de fato, uma das pessoas mais importantes para você. Isso não diminui a importância da "pessoa 1", mas destaca um lugar especial que a "pessoa 3" ocupa em sua vida. Caso esteja distante dela no momento, convido você a reavaliar o que aconteceu e considerar se uma reaproximação faria sentido.

Sobre as pessoas que você excluiu de sua família, considera que alguma delas foi por influência? É possível também que, em algum momento, você tenha excluído pessoas que não faziam parte de sua família biológica, mas desempenhavam papéis importantes em sua vida. Se isso aconteceu, reflita agora se houve influência externa nessa decisão.

Não é vergonhoso ter passado por algo assim, pois pode ser que até esse momento, apoiar quem é mais próximo de você fosse realmente o mais correto a ser feito. Tudo na vida tem um porquê e um momento. Então, pode ser o seu momento de mudar algumas percepções, sem causar desonra a ninguém, pois é um ato interno apenas.

Quem influenciou, na maioria das vezes, não quis ter esse papel em sua vida, mas apenas desabafar sobre uma situação. Poucos são os casos de pessoas que fazem isso com o propósito de o envolver, instigando um atrito maior. Você pode identificar essa situação isoladamente, analisando se essa pessoa costuma compartilhar informações com você, esperando que você tome uma ação a partir disso, ou se apenas é um desabafo.

É natural nos inspirarmos em pessoas próximas, bem como em alguns artistas ou influenciadores, mas não podemos deixar que eles comandem nossas escolhas, e isso é algo que pode ocorrer de forma mais frequente do que imaginamos. Às vezes, seguimos as preferências dos outros sem perceber, porque estamos acostumados a fazer isso. Por exemplo, se assistimos a um filme com a cor azul na maioria das cenas, ao comprarmos uma roupa, inconscientemente vamos optar pela cor azul. Da mesma forma, quando uma amiga fala mal de alguém que não conhecemos, ao encontrarmos essa pessoa pela primeira vez, já teremos uma antipatia natural. Mesmo se analisarmos essa pessoa e situação, ela terá de se esforçar muito para ganhar nossa amizade.

Quando você sai dessa "programação automática", assume o papel de protagonista da sua vida. Muitas vezes você foi só um participante na vida de alguém, apenas um espectador, pois o grande foco, no grande palco, foi ou ainda é o outro. No exemplo acima, quando você julga uma pessoa recém-conhecida, baseado em experiências e crenças de outra pessoa, quem será o personagem principal? Quando você não se permite experenciar algo de forma autêntica, é como se você não existisse, você se torna uma extensão do outro.

Se, ao ler isso, você ficou irritado, é um ótimo sinal. Isso indica que você não quer ser um personagem coadjuvante, você deseja ser o principal e assumir o controle de sua vida, servindo de inspiração para outras pessoas. O que acha?

Não se trata de você ser uma pessoa famosa ou com um grande destaque, embora você possa também fazer isso se quiser. O importante é você dar mais atenção a si mesmo agora, de maneira consciente, fazendo mais escolhas racionais.

Muitas vezes fazemos escolhas condicionadas para agradar ou seguir o caminho de outras pessoas, em um esforço para nos encaixarmos.

Quem está ganhando mais atenção sua do que deveria?

Quem é o protagonista de sua vida?

Você sente que chegou a hora de tomar seu papel principal novamente?

O que você pode fazer hoje para iniciar este novo começo em sua vida?

O palco da vida o espera!

Sessão #32: Onde Você se Perdeu?

Você se perdeu durante os anos de escola, no ambiente de trabalho ou na casa dos seus pais? Talvez tenha sido em um relacionamento desgastante em que se envolveu, e, desde então, não se encontrou mais. Onde você se perdeu de si mesmo?

Você pode não fazer ideia dessa resposta ou até acreditar que sabe quando ela surgiu. Seja como for, o objetivo desta sessão é ir além do superficial. Muitas vezes, nossa mente nos oferece respostas simplistas e muito rasas, apenas para evitar memórias dolorosas ou o despertar de sentimentos que podem abrir portas para recordações ainda mais profundas e complexas.

Mas, nesta sessão, falaremos principalmente sobre felicidade. E é importante que você esteja completamente presente e disposto a clarear coisas escuras em sua mente consciente. Algumas delas, talvez você tenha intencionalmente esquecido, como mecanismo de proteção. Embora sua mente possa resistir, este é o momento de permitir que essas memórias venham à tona, pois é somente ao encará-las que podemos fazer a virada de chave esperada nesta sessão. Combinado?

Você se lembra de ter sido alguém radiante, cheio de vida e expectativas para o futuro? Tenho certeza de que existe uma data em sua memória ou um momento específico em que você se sentiu assim. Mesmo que tenha se passado muito tempo, faça um esforço para recordar esse momento especial. Pegue o seu caderno de anotações e dedique um tempo para lembrar e criar um breve resumo desse dia. Descreva com detalhes com quem você estava e o que aconteceu. Relembre o motivo pelo qual você estava tão feliz naquela ocasião.

Talvez você ainda não saiba dizer exatamente quando foi. Às vezes, lembranças mais recentes surgem, mas não são exatamente o que estamos buscando agora, pois o que precisamos está enraizado em uma lembrança mais antiga. Para auxiliar você a acessar essa memória específica, vou fazer algumas perguntas que podem ajudá-lo a clarear o dia específico que precisamos explorar:

Você consegue identificar o dia em que estava muito feliz, irradiando alegria, sem nenhuma preocupação, e, de repente, algo aconteceu que parece ter roubado essa sensação? Algo que pareceu ter estragado tudo!

O que exatamente ocorreu nesse momento que fez você nunca mais se sentir igual?

É alguma responsabilidade que você não tinha e que agora exige de você total atenção, a ponto de se esquecer de si mesmo? Ou é outra coisa? Anote.

Essa sensação de perda de si mesmo pode estar relacionada a um evento específico, uma experiência traumática ou uma mudança drástica em sua vida. Isso poderia ter sido desencadeado por algo inesperado, como a chegada de um filho não planejado, mudanças em sua carreira, uma doença, a perda de alguém muito amado ou o fim de um relacionamento.

Você pode ter se perdido na casa de alguém que não pode mais entrar, e é como se você estivesse lá trancado até hoje. Talvez você tenha deixado uma parte de si com uma pessoa com quem não tem mais contato e, então, sinta não poder mais recuperar essa parte sua. Onde você deixou um pedaço seu?

É importante que você se esforce para recordar o último dia em que se sentiu verdadeiramente feliz, o auge da sua felicidade, que antecedeu um evento que interrompeu esse sentimento. Dedique um tempo para refletir sobre esses dois momentos: o pico da felicidade e o que aconteceu em seguida, e faça um resumo de ambos em seu caderno.

Você consegue identificar o evento ou momento específico que marcou a transição entre sua felicidade e o período em que se sentiu perdido?

Como você acha que esse evento afetou sua identidade e visão de mundo? Você se considera hoje uma pessoa mais negativa, talvez "amarga" em relação ao mundo?

Se você pudesse dizer um conselho para seu eu daquela época, qual seria?

Ao se olhar no espelho, você se vê sendo a mesma pessoa de antes?

Antes desta sessão, você tinha consciência de ter perdido um pedaço seu, de não estar completo?

É apenas clareando esse momento antigo que você poderá encontrar respostas e começar a reconstruir o que se perdeu, identificando onde e por que você se perdeu de si mesmo. Essa autoanálise o ajudará a compreender melhor a transformação que ocorreu em sua vida, tendo ou não sido desejada por você. E talvez você até tenha desejado muito aquilo na época, mas não sabia as consequências.

O que você acredita que o destino ou a espiritualidade tinham em mente para sua vida naquela época? Qual lição eles pretendiam que você aprendesse? Você aprendeu?

Primeiramente, compreenda que você fez o melhor que podia, com as informações e conhecimentos que tinha à época. Não se culpe se, ao relembrar, surgirem pensamentos de que poderia ter agido de maneira diferente ou seguido um caminho alternativo. Isso é apenas a prova de estar assistindo à mesma cena com amadurecimento e uma nova consciência.

Por não podermos voltar ao passado, é essencial que você se apoie nas escolhas que fez na época, por mais difícil que isso possa ser. Apenas assim você se abre à possibilidade de estar ao seu lado daqui em diante, resgatando aquele seu "eu" que ficou paralisado, preso no espaço-tempo daquele dia.

E sabe quem o prendeu lá? Você mesmo. Reforçando isso a cada dia em que se nega a permitir a própria felicidade, toda vez que se convence de que não merece cuidar de si mesmo, como se estivesse impondo uma autopunição. Como você se sente ao fazer isso consigo mesmo? Como você se sente ao se enxergar se autossabotando dessa forma?

Hoje, vamos resgatar juntos esse seu eu do passado. Ele não ficou perdido em outro lugar, embora você pode ter pensado que sim. Ele está num lugar bem próximo a você, mas, por vários motivos, como falta de tempo, negligência, vergonha, você não sentiu que devia resgatá-lo até agora.

É óbvio que esse "eu" está dentro de você, mas esse resgate não é algo que acontecerá de forma automática. Você precisará fazer um movimento para recuperá-lo, indo contra tudo o que se repetiu nos últimos tempos. Não será fácil, mas tenha certeza de que compensará muito.

Seu "eu" carrega profundas mágoas por ter sido negligenciado muitas vezes, e pode não estar ansioso para se abrir a você neste momento. Mas podemos aproveitar esta oportunidade para escrever uma mensagem a ele. Este exercício não tomará muito do seu tempo, mas requer uma entrega profunda de sua parte.

Separe uma folha solta, que não pertença ao seu caderno. Escreva no mínimo 20 linhas, compartilhando seus sentimentos em relação ao passado e como se sente hoje. Comece dizendo o quanto lamenta por ter deixado seu eu para trás, ignorado sua existência, e por não ter oferecido o apoio que precisava na época etc. Faça do seu jeito, com suas palavras, mas inclua as respostas das questões seguintes:

Qual conselho você daria ao seu eu do passado, para ajudá-lo a superar os desafios que enfrentou?

Quais lições valiosas você aprendeu hoje ao olhar para trás? Como esses aprendizados podem guiar suas escolhas futuras?

Quais mudanças em sua vida você está disposto a fazer para manter-se alinhado com o seu antigo eu?

Lembre-se: você precisará convencê-lo de que vale a pena acompanhá-lo agora. Dedique alguns minutos para escrever e só depois prossiga com a leitura.

Ao concluir sua mensagem escrita, será necessário que você se posicione diante de um espelho e crie uma conexão profunda com a pessoa que você foi naquela época, vendo a si mesmo através dos olhos desse "eu" do passado. No início, isso pode parecer difícil, uma vez que estamos abordando um aspecto seu que foi deixado de lado por um longo tempo. Você precisará se enxergar, amorosamente, por alguns minutos. Então, leia a carta em frente ao espelho e, depois, diga algumas palavras, que deverão vir do fundo de seu coração, pedindo perdão a si mesmo por um período em que se culpou por inúmeras questões e não se deu o apoio de que precisava e merecia.

Faça esse exercício e sinta como é bom oferecer apoio a si mesmo. No final, convide aquele seu eu do passado a unificar em você e comprometa-se a nunca mais se perder novamente.

Compreenda que juntamente com esse eu do passado, ficaram congelados no tempo vários aspectos seus, como habilidades e sonhos, hoje esquecidos ou reprimidos. Agora, mais do que nunca, é o momento de olhar para a frente e abraçar a integração com o seu eu do passado. Ao fazer isso, você não só se reconcilia com essa parte, mas também com todas aquelas habilidades que ela tinha, que serão incorporadas em um único eu.

E estando completo novamente, sinta a sensação de estar verdadeiramente alinhado consigo mesmo. Essa não será apenas uma virada de chave em sua vida, mas também uma virada de página!

Sessão #33: Qual é Seu Maior Segredo?

Quando eu pergunto qual seu maior segredo, o que vem à sua mente?

Costumamos associar segredos a ações que possam ter sido realizadas sem o conhecimento de ninguém. Mas, na verdade, o segredo mais profundo que você guarda não está relacionado a essas ações concretas, mas, sim, às emoções silenciosamente guardadas em seu coração.

Esses segredos geralmente estão ligados a sentimentos profundos e pessoais, como um amor não correspondido, um arrependimento profundo ou uma alegria que foi vivenciada em solidão. Lembrou-se de algo agora?

Você consegue recordar suas primeiras experiências amorosas? São sentimentos difíceis de explicar, mas que continham grande simpatia e uma espécie de encanto que você nutria por um colega, talvez durante os anos de escola, na adolescência ou até mesmo antes disso. Após essa época, você pode ter se visto apaixonado por alguém dentro do seu círculo de amizades ou, quem sabe, até no ambiente de trabalho.

Quem foi seu primeiro amor?

E a primeira vez em que chorou por amor? Foi por quem? O que o fez derramar aquelas lágrimas?

Embora essas primeiras experiências possam ter sido na infância, ganharam intensidade na adolescência, com sentimentos que oscilaram entre paixões avassaladoras e momentos de tristeza, quando o mundo parecia estar à beira de um colapso. Lembra-se de ter se sentido assim? Consegue lembrar os nomes dos seus cinco primeiros amores? Registre cada um deles em seu caderno.

Sobre as cinco pessoas que você listou, elas têm algo em comum? Pode ser que tivessem o mesmo estilo de cabelo ou estrutura física semelhante, por exemplo. Escreva o que acredita ser similar entre todas.

Você tinha amigos ou alguém para quem contar sobre seus sentimentos na época? Sentia-se confortável em compartilhar suas emoções, ou preferia guardar tudo em segredo?

Agora vamos abordar os últimos cinco relacionamentos que você teve. Isso pode incluir pessoas por quem você nutriu sentimentos afetivos, mesmo que esses sentimentos não tenham evoluído para um compromisso. Anote o nome das últimas cinco pessoas com quem você se envolveu sentimentalmente.

Consegue compará-los e verificar se existe um padrão físico entre eles? Anote suas conclusões.

Muito além desse primeiro padrão físico que buscamos inicialmente, essas memórias, por mais distantes que possam parecer, moldaram sua visão a respeito do amor e influenciaram suas relações ao longo da vida.

Agora, você consegue identificar um padrão, em nível de personalidade, entre seus primeiros relacionamentos e os últimos? O que os dez têm em comum? Separe uns minutos e faça essa análise, descrevendo o que percebeu.

Quais são as qualidades ou traços de personalidade deles que você acha que o atraem? O que eles têm em comum, mesmo que inicialmente, que fez com que você se envolvesse?

Ao analisar os dez nomes que você listou, como classificaria o nível de comunicação deles em uma escala de 0 a 10? Coloque o número correspondente ao lado do nome de cada um.

Para clarear ainda mais, convido você a se concentrar em como se sente nos relacionamentos. O foco será seu sentimento, ou seja, em vez de buscar um padrão nos parceiros, responda às seguintes perguntas refletindo sobre suas próprias experiências, insatisfações, medos e frustrações:

Quais foram os principais desafios ou problemas que você enfrentou em seus primeiros envolvimentos e que percebe que se repetiram nos atuais?

Sobre sua comunicação com esses parceiros, você acredita que sempre se comunicou bem ou sentia alguma espécie de trava quando precisava dizer algo importante? Em qual classificação, de 0 a 10, você acha que se encaixaria a sua comunicação?

Hoje, você se sente uma pessoa plenamente realizada no amor? Ainda que você esteja em um relacionamento estável e considere-se bem-sucedido nessa área, o que poderia acontecer para melhorar?

Quais são seus maiores desafios nos relacionamentos? Descreva suas maiores dificuldades.

O que você aprendeu com suas experiências vividas nos relacionamentos? Como acha que essas lições moldaram suas crenças e desejos atuais?

Hoje, você se sente confortável em compartilhar seus sentimentos com alguém, como um amigo? E seus segredos? Se sim, quem é essa pessoa? Se não, o que impede você de se abrir com alguém?

Qual segredo existe em sua vida amorosa, que você considera ser o mais profundo e que ainda não compartilhou com ninguém? É hora de compartilhar com seu caderno!

Geralmente, sentimos receio de compartilhar alguns detalhes de nossas vidas porque tememos ser julgados pelos outros. E embora, infelizmente, isso possa acontecer, a razão principal para ocultarmos certas informações está relacionada à comparação que fazemos com a vida dos outros.

Quando você faz essas comparações, geralmente se sente inadequado ou insuficiente em relação às pessoas, o que o leva a esconder partes de sua vida, pelo simples fato de se sentir mal mentalmente, criando um desconforto psicológico gerado pela sua própria imaginação.

Vou compartilhar a história de uma pessoa que atendi. Ela tinha 35 anos e tudo na sua vida estava perfeito, exceto a área amorosa. Ela sentia que nunca seria feliz no amor, pois não conseguia se ver com ninguém da mesma forma que cresceu assistindo seus pais. Segundo ela, a relação dos pais era como uma lua de mel eterna. Ela descreveu como eles sempre se abraçavam, se beijavam, saíam para jantar só os dois, e quem os via acreditava que o relacionamento era recente, pois parecia que estavam se conhecendo, tamanha paixão que demonstravam um pelo outro.

Apesar de sentir orgulho por seus pais ainda estarem casados e felizes, essa percepção elevou suas expectativas em relação aos relacionamentos. Isso a deixava profundamente insatisfeita nessa área, pois se não pudesse ter um relacionamento com mesma qualidade que viu em seus pais, ela preferia estar sozinha.

Sugeri a ela que tivesse uma conversa pessoal e privada com sua mãe, onde poderia indagar sobre o início do relacionamento e as dificuldades que enfrentaram, algo que ela nunca havia feito antes. Mesmo argumentando que não via necessidade, já que acreditava conhecer todos os detalhes do relacionamento dos pais, pela sua proximidade com eles e o fato de ter morado junto até pouco tempo atrás, ela concordou em ter a conversa.

Na sessão seguinte, quando nos encontramos novamente, perguntei se ela havia, de fato, conversado com sua mãe. Para sua surpresa (embora eu não tenha me surpreendido), ela compartilhou que sua mãe foi relutante a princípio, o que já a deixou intrigada. Após insistência, sua mãe contou não apenas as partes felizes do relacionamento, mas também os momentos difíceis.

Minha cliente compartilhou que seu pai havia traído sua mãe algumas vezes, o que causou muitos problemas no casamento deles. Por anos, eles até deixaram de dormir no mesmo quarto. Ela, que morava com eles na época e "sabia de tudo", nunca nem desconfiou. Para sua surpresa, sua mãe também confessou que havia tido um caso, apaixonando-se por seu chefe e mantendo isso em segredo por mais de dois anos. Seus pais estavam trabalhando juntos para superar as dificuldades e aprender a se perdoar, escolhendo juntos manter o relacionamento.

O que mais surpreendeu minha cliente foi que seu pai não sabia do caso de sua mãe, e ela foi a primeira pessoa com quem sua mãe compartilhou essa informação, e que foi um alívio para ela poder dividir isso com alguém.

Minha cliente disse que se sentiu confusa após a conversa, chorou sozinha em casa e ficou paralisada diante de tantos segredos. No entanto, posteriormente, compreendeu por conta própria a minha intenção ao propor essa conversa.

E você, conseguiu compreender a importância dessa conversa? Qual foi?

Essas informações novas clarearam aspectos sobre o relacionamento que ela havia idealizado. Ela passou a entender que, por trás da aparência de felicidade, havia desafios e dificuldades que nem sempre eram evidentes, pois nem todo mundo precisa estar ciente do que se passa entre um casal.

Minha cliente percebeu que estava repetindo padrões de relacionamentos com infidelidade, em que foi traída e também traiu, o que a levou a se culpar no passado, uma vez que idealizava o relacionamento dos pais como algo "sagrado". Essa consciência surgiu quando percebeu que estava replicando o mesmo tipo de relacionamento, embora sem saber na época o que acontecia, simplesmente porque os escolhera como referência.

Falamos também sobre a felicidade de um relacionamento não estar necessariamente vinculada a um padrão específico, mas, sim, ao convívio, à aceitação das imperfeições e ao esforço constante para superar desafios. Ela reconheceu que isso não era algo simples nem difícil, e sim uma perspectiva mais "madura" em comparação à visão infantil que mantinha antes. E, embora nem todos os relacionamentos passarão exatamente pelas mesmas situações, haverá outras que deverão ser levadas em consideração também.

Essa descoberta mudou completamente sua perspectiva sobre o amor e os relacionamentos em geral. Com essa nova consciência, ela estava pronta para examinar suas próprias expectativas. Realizamos uma sessão dedicada a esclarecer e definir o que significava, exclusivamente para ela, um relacionamento verdadeiramente satisfatório.

Considerando a história da minha cliente, como a descoberta dos segredos dos pais dela impactou sua perspectiva sobre a ideia de um relacionamento ideal?

Como você define o que é verdadeiramente importante em um relacionamento?

Como você pode encontrar um equilíbrio entre ter expectativas saudáveis e aceitar as imperfeições nos relacionamentos? Separe uns minutos e reflita sobre essas perguntas, escrevendo as respostas em seu caderno.

Existe um casal de referência, que pode ser seus pais ou qualquer outro que você sempre admirou muito, acreditando que eles tinham o tipo de relacionamento que você gostaria de viver um dia. Geralmente, esse sentimento de admiração é formado na infância e pode ser difícil identificar agora de quem se tratava. Sabendo ou não quem é o seu casal de referência, após acompanhar o exemplo da minha cliente e ganhar essa nova consciência nesta sessão, você ainda deseja experimentar um relacionamento exatamente igual ao deles?

Você quer ainda experenciar tudo, tudo mesmo, incluindo o que não sabe?

Quais são seus valores e necessidades fundamentais em um relacionamento? Embora você possa acreditar que seus princípios permaneceram inalterados, agora, com a nova consciência obtida nesta sessão, reserve um tempo para registrar suas respostas em seu caderno, esclarecendo o que verdadeiramente tem importância para você.

Também é importante lembrar que é injusto se considerar infeliz ao comparar os bastidores de sua própria vida com o palco aparentemente brilhante da vida de outra pessoa ou casal. Aquilo que parece perfeito e intocável do lado de fora tem seus segredos por trás da cortina.

Após compreender que por trás de relacionamentos aparentemente perfeitos há segredos, como você pode usar essa nova consciência para criar relacionamentos mais maduros no futuro?

Sua busca pela felicidade nos relacionamentos deve ser orientada pelo que é genuinamente importante para você e como você se sente, não pelos padrões ou ideais de outras pessoas, como familiares, cultura ou sociedade. Isso também inclui as expectativas de relacionamentos que você acreditou por muito tempo serem suas.

Descobrir e reconhecer isso vai virar uma chave interna, que abrirá uma porta para uma vida consciente. Vamos clarear também que não há problema em guardar segredos, afinal, esta sessão é um segredo só seu!

Deixo algumas perguntas para você refletir com calma, ajudando a criar novos padrões em seus relacionamentos, que serão mais autênticos e gratificantes daqui em diante:

Quais são seus objetivos pessoais em relação a relacionamentos? Isso inclui casamento, compromisso em longo prazo ou outras formas de relacionamentos que possam ser importantes para você.

Como você se vê contribuindo para um relacionamento saudável? Que tipo de parceiro deseja ser e o que se compromete a fazer para manter isso?

Quais valores você considera essenciais em um relacionamento? E de quais valores não está disposto a abrir mão?

O que significa para você o sucesso em seus relacionamentos agora? Como você pode medir isso de maneira mais realista?

Como você pode usar seu conhecimento sobre sua própria história e a da minha cliente para criar relacionamentos mais maduros no futuro?

O que você pode fazer para buscar autenticidade e felicidade em seus relacionamentos, livrando-se de expectativas irreais e padrões alheios?

Como você define sucesso em seus relacionamentos agora?

Sessão #34: Do que Você Está se Escondendo?

Você já parou para pensar que pode estar se escondendo atrás de um trabalho ou rotina que o mantém sobrecarregado? Talvez esteja se ocultando atrás de um corpo que vem ganhando peso com o passar do tempo, ou se isolando dentro do seu quarto, da sua casa, ou em algum lugar onde ninguém mais pode encontrá-lo, um lugar onde se sinta inacessível, até mesmo para você. Você pode estar se escondendo de si e do mundo. E, se for assim, é provável que evite encarar seu reflexo no espelho, como uma forma de evitar encarar a si mesmo.

Essa tendência de se esconder é comum quando estamos evitando lidar com algo que fizemos ou deixamos de fazer. Não necessariamente significa se esconder fisicamente; isso também pode ser emocionalmente, socialmente ou de outras formas. Talvez você apenas sinta uma simples vontade de ficar sozinho ou "sumir" por um tempo.

A vontade de se esconder pode vir como uma "autopenalização" por expectativas não realizadas ou coisas pelas quais você se culpa de não ter feito. Pode ser que você tenha acreditado demais em algo que não aconteceu como esperado, ou que tenha deixado de cumprir suas responsabilidades, o que o leva a querer se esconder agora, talvez como reflexo do seu arrependimento, fazendo com que não esteja outra vez à frente de suas decisões. Essa última situação pode ser facilmente exemplificada quando alguém perdeu uma oportunidade profissional no passado e agora permanece em um cargo que não gosta, simplesmente como uma forma de autopunição por não ter aceitado a mudança que estava disponível naquele momento.

Por exemplo, considere alguém que, desde sua infância, nutria o sonho de se tornar um artista ou alguém famoso, como um cantor ou ator, mas teve desaprovação dos pais, que insistiam que seguisse uma carreira mais "segura", como a de um funcionário público. Com a pressão e o medo de desapontar a família, optou por estudar intensamente e passou em um concurso público. Embora isso não tenha preenchido sua felicidade, quem o via de fora acreditava ser uma pessoa realizada, certo? Ao mesmo tempo, essa pessoa acreditava que falar em público e expressar suas ideias era errado, ideia essa que estava viva inconscientemente desde sua infância, o que a limitou a cargos sem destaque e a não buscar outras oportunidades que pudessem exigir essas habilidades.

No exemplo acima, essa pessoa escondeu de si que gosta de falar em público, que tem facilidade em expor sua opinião e sentimentos. Reprimiu dela mesma, mas, antes disso, escondeu de seus pais, para agradá-los.

Para direcionarmos esta sessão, agora é preciso que você identifique o que aconteceu em sua vida que o faz se sentir assim. Por outro lado, também é importante considerar o que você deixou de fazer em sua vida, como no exemplo anterior. O que você deixou de fazer em sua vida que fez com que hoje você esteja escondido? Quais habilidades você tem e não permite clarear?

Em outras palavras, mas que pode fazer mais sentido para você, o que você negligenciou e deixou de fazer em sua vida no passado, que possivelmente lhe causa vergonha ou arrependimento hoje? Quais habilidades ficaram escondidas também?

Podem parecer forte ou diretas demais essas perguntas, mas são necessárias para podermos prosseguir. É preciso ter clareza do que fez você se sentir assim. Somente dessa forma, reconhecendo seu passado, será possível adquirir uma nova consciência, que é o que faremos agora. Reflita sobre isso por alguns minutos e anote as respostas em seu caderno antes de dar seguimento.

Primeiramente, vamos reconhecer que, embora fisicamente você possa não estar escondido, está escondendo e protegendo suas emoções. Para clarear mais, responda às perguntas a seguir, uma a uma, e escreva suas respostas:

De quem você está se escondendo, de si mesmo ou de outra pessoa? Quem?

Do que ou de quem você estava tentando se proteger?

É algo que fez ou deixou de fazer?

Há algo que gostaria de ter feito ou evitado? Se fosse hoje, faria diferente? Como agiria?

Como estaria sua vida se você pudesse voltar atrás e fazer diferente?

Com suas respostas, vamos começar a identificar as emoções que estão escondidas. Como você se sente ao pensar em confrontar o que está evitando? Essas emoções podem incluir medo, vergonha, culpa, tristeza, entre outras. Não julgue suas emoções; elas moldaram quem você é hoje e são importantes. Descreva todas que identificar.

Quais memórias vêm à sua mente quando se sente assim? Separe alguns minutos e pense em momentos no passado que possam estar conectados ao seu padrão de querer se esconder. Principalmente na sua infância, tente se lembrar de memórias mais antigas e experiências, decisões ou situações que faziam você sentir essas mesmas emoções descritas antes. Se vierem lembranças mais recentes, esforce-se para buscar memórias mais antigas e vá até chegar à sua infância. Uma situação lembrada poderá ser bem diferente da outra mais recente, isso é normal! Aqui, daremos importância ao conjunto de emoções sentidas, não o evento ocorrido em si, combinado? Para facilitar, peça à sua mente inconsciente que lhe mostre memórias sobre quando se sentiu da mesma forma. Depois, descreva algumas dessas lembranças, resumidamente, comentando como se sentiu na época, por menos importantes que possam parecer.

Se você conseguiu ter lembranças de sua infância, provavelmente percebeu que algumas situações, vistas do seu ponto de vista atual em comparação ao daquela época, pareciam muito menores que na época. Quando somos crianças, nossa sensibilidade está à flor da pele, e até mesmo pequenos acontecimentos, como ouvir um simples "não", podem nos fazer sentir que não somos amados ou não pertencemos. É normal termos o desejo de agradar aos outros, mas por ainda estarmos em um grande aprendizado, erramos com frequência, o que nos leva a querer fugir e nos esconder, seja por vergonha, seja pelo medo de punição.

Existe algum momento em sua infância em que você se sentiu sozinho e queria estar acompanhado? Consegue se lembrar de algum momento em que não quis se esconder, mas, sim, o contrário? Se você se lembrou, o que acha de revisitar esse seu "eu"? Apenas feche seus olhos por um instante, visualize a cena, imagine-se nela, posicione-se como adulto e tenha uma breve conversa com esse seu "eu" que se sentiu daquela forma. Abrace-se e diga que ele ficará bem e não está sozinho.

Algumas crianças costumam ter um esconderijo, um local secreto que só elas sabem. Você foi ou conheceu alguém que tinha um esconderijo na infância?

Você gostava de ficar sozinho quando criança?

Isso pode ter relação com a forma como você lida com situações externas que afetam suas emoções hoje em dia. A chave para tudo isso está na compreensão do motivo externo que faz você se sentir dessa forma, associando a crenças antigas.

Por exemplo, se eu me sinto envergonhada e desmotivada toda vez que alguém se dirige a mim de maneira crítica, é importante entender que a crítica da outra pessoa não é o problema real, mas, sim, o motivo externo. Não é algo que eu tenha controle, pois apenas posso controlar como me sinto e não as ações do outro. Ou seja, o verdadeiro problema está principalmente nas emoções que elas desencadeiam em mim toda vez que "esse externo" acontece. Tudo isso porque essas emoções despertam algo em mim, fazendo-me reviver inconscientemente memórias passadas que me "apresentaram" essas emoções. Após essa informação sobre a formação de crenças através de emoções, você consegue perceber que o que você considerava ser o problema, na verdade, não era o verdadeiro problema? Não se trata do que você passou, mas de como se sentiu. Resuma esse parágrafo em seu caderno com o título "origem das emoções".

Isso pode parecer sem sentido inicialmente, mas ao revisar suas memórias, você perceberá que não foi o que aconteceu externamente, mas como se sentiu. O motivo externo que o fez querer "se esconder", ainda quando criança. O que aconteceu? Alguém disse algo desagradável? Recebeu uma crítica ou puxão de orelha?

Disseram-lhe para fazer algo e não fez? Ou você mesmo, ainda criança, prometeu algo para si e não cumpriu? O que realmente importa agora são todas as emoções que surgiram após o acontecimento.

Como você pode, a partir de agora, diferenciar entre o problema real (emoção) e a maneira como você enxerga o que está acontecendo?

Talvez seja útil identificar uma situação que se repete periodicamente em sua vida, seja no seu profissional, na relação familiar ou no seu campo amoroso. Algo que quando acontece você quer "sumir".

Quando sente isso tudo, o que exatamente você está evitando ao se esconder? Qual é o evento, a emoção ou a situação que está tentando evitar?

Quando você se esconde, quem ou o que está protegendo? É a si mesmo, sua reputação ou outra coisa?

Quais são as expectativas não atendidas ou as ações não realizadas que estão por trás dessa vontade de se esconder? O que você esperava que acontecesse?

Às vezes, sentir vontade de se esconder pode ser uma maneira de lidar com o arrependimento. O que você sente que deveria ter feito de diferente?

Agora, você já identificou algumas das emoções escondidas por trás do ato de querer se esconder. Também refletiu sobre memórias do passado que podem estar relacionadas a essas emoções, e já consegue reconhecer que a dificuldade que enfrenta hoje pode não ser exatamente o que parece ser. Isso é apenas como sua mente racional faz parecer.

O segredo para entender e superar essa tendência de se esconder está na compreensão das emoções reprimidas, nunca antes ouvidas por você. É uma oportunidade de aprender a lidar com essas emoções de forma saudável e construtiva, em vez de permitir que elas o mantenham preso em um ciclo que não traz benefício algum.

Como você pode lidar melhor com essas emoções a partir de agora? Se cada vez que se sentir revivendo um ciclo ou emoção antiga, lembrar-se dessa sessão (ou refazê-la), identificando suas emoções e deixando em segundo plano o evento que gerou isso, certamente você terá adquirido uma nova consciência sobre aquilo. Você também escreveu "origem das emoções" e ali você tem um resumo muito importante, que ao reler o ajudará a focar nas emoções e não no acontecimento.

Você deu um passo importante ao reconhecer as emoções e os padrões que o trouxeram até aqui hoje. Agora, permita que essa nova consciência o oriente a superar antigos padrões que não lhe servem mais, assumindo o controle de sua vida. Isso começa com a conscientização de suas habilidades e a confiança para tomar decisões informadas com base no que aprendeu. Você pode usar esse conhecimento para tudo, menos para se esconder de si mesmo.

Qual é o seu plano para aplicar esses ensinamentos e melhorar sua vida a partir de agora? Reflita como pode fazer isso e nos encontramos na próxima sessão!

Sessão #35: Qual Foi o Último Presente que Você Ganhou?

Você se lembra do último presente que alguém lhe deu? Pode ter sido algo simples, como um bombom, ou talvez um gesto mais elaborado, como um cartão escrito à mão. Ao receber esse presente, como se sentiu? Qual foi sua reação? Ficou alegre, chorou de emoção?

Talvez não sobre o último, mas no passado, já aconteceu de receber um presente que o tocou tão profundamente, fazendo lágrimas de emoção caírem dos seus olhos? Se sim, quando foi? Por que você chorou?

Como isso fez você se sentir em relação à pessoa que o presenteou?

O presente tinha algum significado especial ou havia uma mensagem por trás dele que você entendeu?

Como você guardou esse presente? Ou não guardou?

E você, já teve a oportunidade de presentear alguém que se emocionou?

Há um presente que você recebeu nas últimas 24 horas, mas não percebeu. Não estou me referindo à sua vida, ao ar que você respira ou à sua saúde (embora agradecer por essas coisas também seja importante!).

Meu objetivo é que agradeça, mentalmente, a alguém que nesse momento você nem imagina quem seja, mas que lhe deu um presente que você não percebeu que recebeu. Esse presente já faz parte da sua vida, e passou despercebido até agora, sem que você desse a devida importância.

Costumamos associar a ideia de presente principalmente a objetos físicos, como celulares ou livros. Alguns, porém, vêm em forma de gestos como uma indicação a um emprego, um elogio sincero ou um convite. Reconhecemos esses dois tipos de presentes, mas os que costumam passar despercebidos são os presentes diários que se disfarçam como chance de crescimento pessoal, ou apenas oportunidades.

Esses presentes podem vir de diversas maneiras, como um puxão de orelha do chefe, um colega folgado que deixa em sua mesa o trabalho que ele mesmo deveria fazer, um parente que se intromete em nossa vida ou quando não somos convidados para um evento no qual todos os nossos amigos foram.

Normalmente confundimos esses presentes com injustiças ou inconvenientes. É difícil, realmente, no momento que você está "ao vivo" sendo repreendido pelo seu chefe, agradecer pelo "presente". Ou com aquele colega que lhe passou todo o trabalho dele, qual será a oportunidade escondida, qual presente ele estava te dando, mesmo que de forma dissimulada, o fazendo parecer um "folgado"?

Imagine que, por trás daquele colega folgado, havia uma chance incrível de brilhar na empresa, aprender algo novo e descobrir o quanto é capaz não só de cumprir seu trabalho, mas também o dele. Se olhar com carinho, pode ser que isso tenha acontecido na mesma semana em que se sentiu frustrado sobre o trabalho e quis mais reconhecimento. Esse presente disfarçado de oportunidade estava bem diante de você, mesmo que não tenha percebido na época. E quem teria dado? Seu colega folgado.

Você já passou por uma situação semelhante no passado, mesmo que em outra circunstância. Às vezes, nossa mente inconsciente nos protege de se lembrar de oportunidades que deixamos escapar, porque reconhece que são presentes. Ela os arquiva em um cantinho escondido, longe de nosso alcance, para evitar que nos sintamos ingratos. Sim, ingrato com aquele colega, por exemplo.

Você não considerava essas coisas como presentes até agora, mas eles estavam lá, apenas esperando para serem "abertos" (reconhecidos).

É hora de olhar para trás e identificar alguns presentes que talvez tenham passado despercebidos por muito tempo. Anote os três maiores presentes ocultos que você recebeu ao longo de sua vida, tal qual nos exemplos anteriores. Pode ser uma situação, um desafio, uma discussão, ou qualquer coisa que você perceba como uma oportunidade disfarçada que você não conseguiu aproveitar na época. Reflita sem pressa sobre isso, deixe claro à sua mente inconsciente que você está pronto para enxergar essas situações com uma nova consciência.

E sobre seu momento atual, talvez nas suas últimas 24 horas, existe alguma situação em que você sinta que possa haver um presente oculto, mas ainda não o identificou? Pode ter sido uma discussão, um desafio ou algo frustrante.

É importante se perguntar se, nessa situação, foi algo que alguém lhe causou ou algo que você mesmo se causou. Às vezes, não percebemos que muitos desses presentes disfarçados são, na verdade, oferecidos por nós mesmos. Há algum presente disfarçado no seu momento atual que você ainda não reconheceu?

Como identificar isso em momentos difíceis pode ajudar você a crescer e evoluir, aproveitando a oportunidade? Reflita sobre isso e escreva suas reflexões no caderno.

Mas, afinal, por que é tão importante reconhecer e agradecer pelos presentes ocultos? Talvez porque, se não os reconhecermos, perdemos oportunidades valiosas de crescimento e aprendizado, que nos evitam cair nos mesmos padrões de reclamação e insatisfação. Em vez de repetir comportamentos negativos e queixas, você se concentra em encontrar as oportunidades em cada situação, tornando sua vida mais movimentada e significativa.

Por que podemos chorar de emoção quando alguém nos dá um presente físico, mas não nos sentimos da mesma forma quando recebemos um "não"? Muitas vezes, aquele "não" é mais importante do que seria ganhar um carro, por exemplo, mas tendemos a agradecer a quem nos deu o carro e odiar quem nos deu o "não". Nesse exemplo, o carro é simplesmente um objeto caro com uma função, enquanto o "não" representa uma oportunidade com potencial para abrir diversos caminhos, muito mais importantes que o carro, que traria despesas contínuas, como combustível e seguro.

Pensando assim, tendemos a valorizar quem nos dá presentes caros e impactantes aos olhos, não reconhecendo o valor do presente intangível e impactante que um "não" pode representar em nossa vida. O que acha disso?

Hoje, ao considerar o que você ganhou em forma de aprendizado nas últimas 24 horas, somando toda a sua vida e esta sessão, pense em como essa compreensão mais profunda de si mesmo, das pessoas envolvidas e das oportunidades disfarçadas de desafios pode ser uma virada de página para você.

Minha principal intenção com esta sessão é trazer você de volta ao seu momento presente para que esteja aberto à vida e a melhor captar esses presentes. Você acredita agora que o ato de procurar por presentes ocultos pode melhorar suas habilidades de resolução de problemas?

Embora as situações desafiadoras não deixem de surgir, a maneira como você escolher encará-las fará o tempo vivenciado nelas parecer mais curto do que em outras vezes. Seu foco estará em qual proveito poderá tirar daquela situação, direcionando sua mente para o presente e o futuro, em vez de ficar preso no sofrimento e na repetição do passado sem progredir. Ou seja, você abraçará essas situações como oportunidades, em vez de, como fazia com a consciência antiga, resistir a elas. Você se encontrará no momento presente, e isso pode parecer pouca coisa, mas é o maior presente que você poderá se dar.

Na sessão seguinte, exploraremos outra perspectiva sobre o assunto. Mas agora, convido você a refazer a sessão #10 com essa nova consciência e perceber como sua abordagem e percepção mudaram. Você a aproveitará de uma forma muito mais profunda agora. Ao terminar, acesse seu registro pessoal de aprendizados e compare suas anotações da época.

Sessão #36:
Sua Flor Murchou?

O marido de uma de minhas clientes costuma presenteá-la com flores, mas ela tende a não agradecer, e sim reclamar. Não por ser ingrata, mas porque as flores e arranjos que ele compra são caros e murcham rapidamente. Ela sugeriu várias vezes que ele optasse por flores artificiais, que também possuem arranjos muito bonitos e são duradouros, como uma forma de economizar dinheiro.

Para ela, ele estava simplesmente gastando dinheiro em algo que seria descartado em poucos dias. No entanto, para ele, cada etapa do processo, desde entrar em contato com a floricultura até escrever um bilhete, organizar a entrega e fazer tudo isso às escondidas, visto que trabalhavam juntos na mesma empresa, tinha outro significado. Entende o raciocínio dela e a intenção dele?

As flores que ele presenteava não eram apenas as flores físicas, mas todo o esforço que ele fazia para escolher, comprar e enviar de surpresa. Ou seja, o presente era o conjunto da obra, não apenas o que ela estava vendo (as flores que em poucos dias murchariam).

E quanto a você, qual "flor" está recebendo em sua vida, mas talvez não esteja valorizando? Pode ser algo tão simples quanto uma xícara de café preparada com carinho que você bebeu e acabou (como a flor que murchou e "morreu"). Ou talvez um jantar que alguém preparou para você, mesmo que a comida tenha ficado um pouco salgada ou queimada.

Você já passou por alguma situação semelhante, na qual alguém estava tentando mostrar seu amor ou carinho de uma maneira que você não entendia completamente no começo, assim como aconteceu com minha cliente?

A forma como percebemos um gesto de carinho está muito relacionada com nossas crenças e expectativas. Ela estava se limitando ao pensar que um presente melhor seria algo a ser guardado, e ao acreditar que o presente consistia unicamente na flor física, quando, na realidade, "a flor" que ela recebia era diária, com a presença dele e pequenos gestos que ele fazia, por exemplo. E essa flor não murcharia, se cultivada, claro. Você concorda com essa interpretação?

Agora, quando pensamos no marido dela, é interessante considerar como ele se sentia quando ela recebia as flores e não demonstrava o nível de apreço que ele esperava. Será que ele se sentia desvalorizado ou "murcho"? Para ela, tudo isso foi uma oportunidade para entender como suas crenças e expectativas poderiam influenciar seu relacionamento.

Aprofundamos, para compreender a crença que estava por trás dessa maneira de ver as coisas. Descobrimos que isso estava relacionado com as dificuldades financeiras que ela passou durante a infância. Ela cresceu ganhando roupas usadas de parentes com mais condições financeiras, e tudo o que ela recebia precisava durar. Mesmo que ninguém dissesse isso diretamente, ela sabia que qualquer coisa que se estragasse ou "murchasse" seria jogada fora, e isso representava perda e prejuízo.

Essa experiência da infância moldou sua maneira de enxergar presentes, fazendo-a associar o valor deles à durabilidade, limitando-se a ver as coisas apenas dessa forma. Conseguiu perceber como essa crença a impedia de apreciar muitas outras coisas em sua vida?

Ela chegou a compartilhar comigo que seu marido tinha mais de 20 relógios que ela havia o presenteado, e que ele, "ingrato" nem usava. O que acha disso?

Em sua própria vida, existe algo que você tem recebido, mas talvez não esteja valorizando adequadamente?

Já se encontrou em uma situação em que alguém estava tentando demonstrar carinho de uma maneira que você não entendia? Talvez até tenha acreditado que aquela pessoa não sentia nada por você. Qual a crença responsável por isso? Após ler este parágrafo, feche seus olhos e permita-se lembrar de um momento, ainda quando era criança, em que você teve a sensação de que algo só poderia ser de uma única forma. Pode ser relacionado a um presente, a uma demonstração de carinho ou até mesmo à maneira como as coisas deveriam ser feitas ou cuidadas. Qual foi essa situação e qual crença estava por trás dela? Escreva em seu caderno.

Reflita sobre como essa crença formada na infância pode ter influenciado a maneira como você percebeu gestos de carinho e presentes em sua vida até agora. Pode ser que, assim como minha cliente, essa crença o tenha limitado a ver as coisas de uma única forma e impedido de apreciar outras.

Como suas próprias crenças e expectativas influenciaram seus relacionamentos até hoje?

E como isso afetou a forma de você reconhecer os pequenos gestos dos outros? Talvez haja alguém, nesse exato momento, fazendo algo por você com um esforço muito maior do que você inicialmente percebeu.

E se olhamos para o passado, será que seus pais, ao cuidarem de você, não abriram mão de algo pessoal naquele momento?

Refletir sobre o ponto de vista do outro é importante. Não apenas para evitar frustrações, mas também compreender que cada indivíduo tem uma maneira única de pensar e expressar amor. Será que o jeito como você espera receber amor não é simplesmente uma versão diferente da forma como alguém está tentando lhe oferecer?

No caso da minha cliente, as flores representavam o tempo e a dedicação de seu marido. Ela, por sua vez, de maneira limitada, as via como algo descartável. Por não assimilar tudo isso que agora você compreende, ela desconsiderava que a dedicação que seu marido teve estava enraizada em crenças moldadas na infância dele. Resumindo, seu marido valorizava pessoas que doavam seu tempo e dedicação, independentemente do valor financeiro (por isso ele parecia não gostar dos relógios que ela dava), enquanto ela valorizava coisas duradouras, deixando de apreciar gestos como jantares e até viagens que seu marido oferecia.

Esta sessão é um convite para você clarear sobre seus relacionamentos, crenças e as oportunidades de crescimento, que, inclusive, podem estar disfarçadas em gestos que talvez você não tenha compreendido totalmente.

Como isso pode mudar sua maneira de encarar as "flores" que a vida oferece?

Como você planeja agir a partir de agora para identificar e adaptar suas crenças e expectativas? Isso é a chave que vai desbloquear a capacidade de vivenciar sua vida com uma nova consciência.

Lembre-se de que, da mesma forma que as flores da minha cliente ganharam um novo significado, você também tem o poder de dar um novo significado aos momentos e gestos que a vida oferece.

O poder de explorar, clarear e questionar é seu. Agora você já pode desfrutar as "flores" que a vida colocará em seu caminho!

Sessão #37: Qual a Trilha Sonora da Sua Vida?

É surpreendente como uma música pode capturar nossa essência. Você já teve a sensação de que alguém escreveu uma música especialmente para você? É incrível como algumas canções conseguem refletir perfeitamente o que estamos passando! Qual música você mais gosta de ouvir hoje? Anote em seu caderno a primeira música que vier em sua mente e marque-a como "música 1".

E aquela música que você gosta, mas tem vergonha de ouvir ou de assumir que gosta? Marque-a como "música secreta" em seu caderno.

Existe outra música que você não se importaria de escutar cinco vezes seguidas. Anote essa como a "música 2".

Agora, convido você a escrever o nome de três músicas que já significaram muito para você no passado, mas que hoje não as escuta com tanta frequência.

Além das músicas que escolhemos para expressar nossas emoções, há aquelas que nos transportam instantaneamente para momentos e pessoas específicas em nossas vidas. Existem músicas que ouvimos quando sentimos saudade de alguém, mas também há outras que nos lembram de alguém que preferimos esquecer. Você tem alguma música em particular que lhe recorde alguém especial em sua vida? Qual?

Se eu perguntar qual estilo musical que você gosta, o que você responderá? Pop, rock, sertanejo, funk? Muito além da melodia, você pode gostar de muitos estilos, o que pode dificultar sua resposta. Então, anote no máximo três, e escreva "os escolhidos" para eles.

Isso não se trata apenas de preferência musical, mas de identificação emocional. As músicas podem ter como tema principal um amor perdido, dor, superação ou esperança. Muitas vezes, nos identificamos com músicas que refletem nossas experiências pessoais ou as lutas que estamos enfrentando. Além disso, existem músicas mais motivadoras que inspiram transformações. Mas e se eu disser que as razões por trás de suas escolhas musicais vão além do seu gosto pessoal ou o que você está vivenciando?

Existem vários estilos musicais, mas o que fez você escolher alguns apenas? Por mais eclético que possa se considerar, certamente existem alguns estilos que você não suporta. O que faz você gostar de algumas músicas e rejeitar outras?

A música que escutamos durante nossa infância, especialmente quando selecionada por nossos pais ou familiares, costuma ter grande impacto nas nossas preferências musicais futuras. A maneira como reagimos a essas influências é o que vai determinar.

Nossa relação com as influências musicais dos nossos pais é uma mistura complexa de aceitação e rebelião. Quando crianças, é possível "copiarmos" os estilos musicais dos nossos pais se acreditarmos, quase que inquestionavelmente, que tudo o que eles fazem é bom, correto e um exemplo a ser seguido. Nesse caso, também estamos "copiando" suas preferências musicais, podendo até falarmos mal de estilos diferentes. Por outro lado, se acreditávamos que nossos pais faziam escolhas ruins quando éramos crianças, podemos ter uma reação contrária, rejeitando completamente esses estilos, e essa rejeição é gravada em nosso inconsciente, resultando em uma negação por esses gêneros musicais, assim como outros comportamentos deles. Qual foi o seu caso, você copiou ou rejeitou? Escreva sua resposta.

Essa afinidade musical, muitas vezes, também é uma forma de pertencimento, de nos sentirmos parte de um grupo onde todos compartilham não apenas o gosto pela música, mas outras coisas, como estilo de roupas.

É importante considerar que, assim como ocorreu com as influências dos pais, as amizades e conexões sociais podem nos levar a copiar estilos musicais, aceitando cegamente as preferências do grupo, ou a rejeitar determinados gêneros se nossos amigos fizerem críticas a eles. Você já passou por isso? Provavelmente sim.

Compreender, analisar e reconhecer esse aspecto pode ser uma tarefa desafiadora, uma vez que temos informações profundamente enraizadas em nosso inconsciente. Essas informações antigas funcionam como comandos que dificultam uma avaliação crítica e racional por nós mesmos. Embora estejamos falando sobre música, essa dinâmica se estende a todos os nossos gostos e preferências, o que pode parecer assustador!

O inconsciente tende a criar um escudo de proteção e enviar mensagens superficiais, reforçando padrões que se encaixam em ideias antigas, para validá-las. Isso acontece porque você tem o receio de ser julgado como alguém sem gosto próprio, algo que ninguém deseja ser rotulado, especialmente se já fez esse tipo de julgamento no passado e não vai querer se assemelhar a alguém que criticou, compreende? Por isso pode ser muito difícil ou desafiador reconhecer que, no fundo, você pode não ter um gosto próprio.

Eu gostaria de clarear que, quando você ouve uma música ou seleciona "os escolhidos", pode pensar "isso sim é música de verdade". Muitas vezes isso reflete mais a oportunidade de se encaixar em um grupo (seja familiar ou de amizades) do que o gosto pela música em si. A menos que você realmente ouça ou leia a letra e aquilo faça sentido para você. Esse foi o motivo de eu ter pedido que você escrevesse no início da sessão os nomes de algumas músicas, e é isso que vamos analisar, juntos, agora!

Sobre a "música 1", qual é a emoção predominante e o que ela aborda? Sugiro que você faça uma pausa na leitura, ouça essa música atentamente ou, melhor ainda, leia sua letra, concentrando-se em sua mensagem. Se a música estiver em outro idioma, procure a tradução para compreender exatamente do que se trata, mesmo que você seja fluente nesse idioma. Após fazer isso, anote em seu caderno a mensagem da música.

E quanto à "música 2" e à "música secreta"? Faça o mesmo exercício sobre elas, registrando as mensagens e histórias que essas músicas contam, antes de dar seguimento.

Sobre as três músicas que costumava ouvir com frequência no passado, você pode fazer a mesma análise sobre elas, mas já antecipo que essas mudanças nas preferências musicais ao longo do tempo não são apenas uma questão de gosto, mas podem refletir um processo de crescimento e evolução pessoal. Não se trata de músicas melhores ou não, elas são como trilhas sonoras das diferentes fases da sua vida, marcando momentos de transformação e desenvolvimento.

Compreender por que você costumava se identificar tão fortemente com essas músicas e como essa identificação mudou ao longo do tempo pode fornecer informações profundas sobre sua vida. A música tem o poder de transmitir emoções e sentimentos de uma maneira única, e essas mudanças nas preferências sinalizam novas perspectivas, interesses e desafios que surgiram ao longo do caminho, assim como novos grupos aos quais você quis pertencer.

Por força de julgamentos antigos que você mesmo fez, pode agora parecer errado querer pertencer a algum grupo e moldar seus gostos por isso, mas é algo totalmente normal, pois uma das funções da música também é ajudar a expressar quem somos e quem estamos nos tornando. Existe alguma música que continua sendo importante para você, independentemente das mudanças?

Quais foram os momentos-chave em sua vida que influenciaram suas mudanças nas preferências musicais?

De todas as canções que você selecionou antes, agora vamos abordar uma em específico: a "música secreta". Qual é a razão por trás de esconder ou sentir vergonha de ouvir essa música?

Pode compartilhar em seu caderno alguma experiência pessoal relacionada a ela? Que lembranças ela lhe traz?

Talvez essa música apenas faça você sentir que não pertence a um grupo ao qual gostaria de pertencer. De qual grupo essa música o exclui? Por que é tão importante pertencer a esse grupo?

Talvez, alguma das músicas que escute atualmente represente uma parte da sua vida que você gostaria de mudar ou apenas reflita emoções presentes. Se a letra dessa música aborda temas positivos, isso é ótimo, mas é mais provável que a maioria das pessoas se identifique com músicas que tratam de questões mais específicas.

Pode ser que a "música secreta" fale sobre dor em relacionamentos, como traições, amores não correspondidos ou o peso de memórias passadas. Ela pode descrever uma batalha interna que você está enfrentando ou um momento de tristeza e sensação de abandono. O que torna essa música tão "sua" é a maneira como ela expressa suas emoções mais profundas e faz você se sentir compreendido. Se esse for seu caso, por que você se identificou tão fortemente com uma música que fala algo tão triste? Você está se sentindo assim?

Se você se encontrar repetidamente ouvindo uma música, seja a "música secreta" ou outras, que retratam uma situação negativa, é como se estivesse conscientemente reforçando uma mensagem em seu inconsciente: "é isso que eu quero para mim". A repetição da mesma história e emoções pode moldar sua visão de mundo e suas escolhas, para se manter com o mesmo desfecho.

Embora uma música não possa transformar completamente sua vida, ela pode ser responsável por mudanças em sua mentalidade, consequentemente, fazendo você determinar escolhas futuras. É como se você estivesse instruindo seu inconsciente a aceitar a situação atual ou a viver aquilo, por mais insatisfatório que possa ser.

Por exemplo, como a "música 1" pode estar relacionada a emoções e desafios em sua vida? Qual é o impacto emocional dessa música em você?

E quanto à "música 2" e à "música secreta"?

Qual delas se conecta mais profundamente com suas emoções e experiências?

A "música secreta" que mencionou anteriormente se encaixa nesse cenário? O que a torna "secreta" e qual é a mensagem por trás dela?

Se você conseguiu se identificar emocionalmente com as músicas acima, talvez você não esteja as ouvindo apenas para pertencer a grupos. Se você se sentiu "errado" por não se identificar com elas, mas apenas querendo pertencer a esses grupos, lembre-se de que isso é algo mais normal do que parece.

Seja como for, você não precisa deixar de ouvir essas músicas, caso suas mensagens não façam sentido para você ou não sejam positivas, mas que tal acrescentar uma trilha sonora mais alinhada com a realidade que você deseja viver? Isso faz sentido para você?

Se você puder escolher uma música que represente a realidade que você deseja viver, qual seria?

Considerando tudo o que abordamos sobre influências, pertencimento, preferências musicais e evolução pessoal, o que a música representará para você a partir de agora?

Você já compreendeu que algumas músicas têm o poder de nos fazer sentir pertencentes, de nos alegrar, enquanto outras nos transmitem o contrário. Como a música pode, a partir de agora, ser usada por você como uma ferramenta para lidar com suas próprias emoções?

Um ótimo exercício de reflexão e autoanálise pode ser reorganizar as músicas que fizeram a trilha sonora de sua vida. Comece pela infância e adolescência, dando seguimento em sua fase atual, explorando as músicas que o acompanharam até agora. Você pode criar uma *playlist* incluindo todas essas músicas, o que acha?

Outro aspecto que você pode analisar é o toque de seu celular. Quais tons acompanharam você ao longo de sua vida? Consegue identificar os motivos?

Nesta sessão você clareou que nossos pais e amigos têm um impacto significativo em nossas preferências musicais, e é importante ressaltar que isso não é errado. Seguir o gosto musical de nossos pais ou amigos é uma maneira de nos conectar e pertencer a um grupo. Igualmente, quando rejeitamos essas preferências, isso também fala muito sobre nós.

Não há nada de errado em apreciar, rejeitar ou se deixar influenciar pelo que os outros ouvem, desde que isso também seja uma expressão verdadeira sua. Hoje você recebeu um convite para fazer escolhas musicais de maneira mais consciente daqui para frente, não deixando sua mente inconsciente definir isso.

Agora, mais do que nunca, você poderá escolher sua própria trilha sonora, alinhada com quem é e quem deseja se tornar. Qual música representa você hoje? E qual reflete a pessoa que você deseja se tornar?

Quando se trata de trilha sonora, a vida oferece um álbum infinito de opções. Apenas não se esqueça de pressionar o botão "repetir" nas músicas que farão sua vida valer a pena! A sessão seguinte irá clarear mais tudo isso. Vejo você nela!

Sessão #38: Você Sente que a Sorte Não Está do Seu Lado?

O que significa sorte para você? Já pensou sobre o fato de nunca ter ganhado na loteria ou em algum sorteio? Conhece aquela frase que diz "sorte no jogo, azar no amor"? Talvez já tenha se sentido sem sorte no jogo e no amor, ao mesmo tempo. Entretanto, ao refletir, você percebe que a sorte pode ser uma questão relativa. Se sua saúde está boa, você tem alimentos suficientes na sua casa e uma família que o ama, o que pode estar faltando? Sim, você ainda pode sentir um vazio.

Você não quer parecer ingrato com a vida, mas sente que falta algo. Já se sentiu assim? Sentir que ainda não tem tudo o que gostaria não é injustiça ou ingratidão, mas, sim, o reconhecimento de que algo essencial ainda não está presente.

É a sensação de que as coisas poderiam ser melhores, maiores, mais completas, e você acredita que sua vida poderia ser ainda mais feliz se você tivesse "aquilo". Talvez seja mais dinheiro, um resultado positivo para o seu negócio, ou a promoção tão desejada no trabalho. Pode ser o amor da sua vida que ainda não cruzou seu caminho ou que, por algum motivo, não deu certo. Outros exemplos podem incluir uma melhoria na sua saúde ou alguma mudança na dinâmica da sua família. Identificou-se com algum dos exemplos acima? Qual?

Talvez agora você tenha refletido sobre o que falta em sua vida. Uma conquista significativa, a realização de um sonho antigo, ou até mesmo um estado de paz interior que você pode não estar sentindo há algum tempo. O que você acredita que o tornaria mais feliz? Registre em seu caderno de anotações.

Você acha que assim que essa situação melhorar ou acontecer em sua vida você irá se considerar uma pessoa de sorte?

Se sim, em que você baseia essa crença?

Muitas vezes, essa pergunta é respondida com um silêncio, o que não está errado, mas reflete um sinal de que talvez você não tenha total clareza sobre onde e quando teve origem essa sua crença, ou onde e quando iniciou esse seu desejo.

Esse desejo pode ter raízes na sua infância, quando talvez você tenha absorvido a ideia de que só pode se considerar 100% realizado ou sortudo quando tiver algo específico em sua vida. Essa crença pode ter vindo de influências dos seus pais, amigos ou até mesmo da mídia, e costuma ser uma virada de página quando descobrimos e reconhecemos isso.

Não se preocupe, isso é algo normal e não significa que você é fraco ou foi manipulado pela sua família ou sociedade. É possível que você se sinta realmente realizado quando conseguir aquilo que deseja. Mas, além das influências, também é importante pensar sobre como as expectativas da sociedade e da mídia podem afetar o que você considera sorte e realização.

Com frequência, somos bombardeados por mensagens que nos fazem acreditar que só seremos verdadeiramente completos ao conquistar certos objetivos ou bens materiais. Essas expectativas externas, essa pressão da sociedade, têm um forte impacto na nossa percepção de sorte. Ou seja, o mundo ao nosso redor muitas vezes nos "impõe" uma ideia específica de realização que pode nos impedir de enxergar as coisas boas que já temos e de ir em busca do que realmente queremos.

Tendo refletido sobre isso, o que é a verdadeira sorte para você? Você já parou para pensar de onde vêm suas crenças sobre o que é necessário para ser verdadeiramente sortudo na vida?

Você já conheceu alguém que parecia ter tudo, mas ainda se sentia insatisfeito? Quem?

Essas situações costumam ser julgadas como ingratidão, pois tendemos a comparar nossos próprios desejos e conquistas com as circunstâncias alheias. Mas é importante lembrar que o que uma pessoa deseja e considera como uma vida completa pode ser totalmente diferente do que outra almeja. Quando vemos artistas ou figuras públicas que muitos de nós consideramos como tendo "tudo", compartilhando suas próprias insatisfações e experiências de vida incompletas, é comum não entendermos de imediato.

À primeira vista, podemos perceber isso como injusto, pois superficialmente parece que eles têm uma vida perfeita. Mas, quando olhamos mais de perto, percebemos que o que a sociedade considera como "ter tudo" pode não se alinhar com o que realmente importa para aquela pessoa, que, antes de ser uma pessoa pública, é um ser humano.

A pressão para manter uma imagem de perfeição pode ser esmagadora, levando muitos a esconder suas lutas e insatisfações, fazendo com que quem revele isso publicamente pareça até estranho. A vida é complexa, e as aparências nem sempre refletem a realidade. O que pode parecer alguém vivendo ativamente sua vida e compartilhando fotos e vídeos de momentos felizes, na verdade pode ser apenas uma forma de manter seu próprio sustento. É quando esquecemos essa complexidade que ficamos surpresos ao descobrir que alguma área da vida daquela pessoa não era tão perfeita como parecia.

Mesmo que sua vida seja considerada comum e não esteja sob os holofotes, a pressão das redes sociais, ainda que você tenha apenas dez seguidores, pode afetá-lo de maneira semelhante.

Você já se sentiu insatisfeito ou incompleto, apesar de ter conquistado muitas coisas em sua vida?

Cada um de nós tem sonhos e desejos únicos que moldam nossa noção de sorte e satisfação. É importante clarear isso para que você não viva uma vida achando que está indo ao encontro de sua felicidade, mas, na verdade, se sentirá incompleto depois, pois considerou felicidade as expectativas alheias e não a sua.

O que é verdadeira sorte e realização para você? Reflita por alguns minutos e anote.

É fundamental olhar para dentro, identificar seus próprios valores e desejos, e não se deixar influenciar pelas expectativas externas. Encontrar a verdadeira sorte ou felicidade pode significar seguir um caminho único, muitas vezes incompreendido pelos outros, mas que fará sentido para você.

O que esta sessão ensina sobre o verdadeiro significado de sorte?

Você sente gratidão e sorte pelo que já possui?

E se ainda não consegue se sentir completo com o que tem, que tal criar mais oportunidades em sua vida para que a sorte o alcance?

Não adianta reclamar que não ganha na loteria se você não joga. Da mesma forma, não faz sentido lamentar que não conhece ninguém especial para se relacionar se não sai de casa e não se abre a novas oportunidades.

Você sente que a sorte não está do seu lado? Considere se essa sensação pode ser, na verdade, o contrário. Talvez essa sensação venha quando você está indo em direção a realizar algo que não é para si. Sendo assim, o que você pode fazer para mudar a "avenida" em que está?

Somando esta com a sessão #37, em vez de esperar que a sorte bata à porta, que tal construir seu próprio caminho ou sua própria porta? Não se trata apenas de esperar ouvir a batida da sorte em sua porta, mas também de ser o DJ da sua própria trilha sonora de vida.

O ouvinte apenas ouve, ou seja, o DJ é quem escolhe o que os outros ouvirão. Então, por que não ser o DJ da sua própria vida, selecionando as músicas (as coisas) que farão parte dela?

Você não precisa ser o ouvinte em sua vida, esperando a sorte chegar. Será que você está pronto para dar "*play*" na busca da sua verdadeira felicidade e realização? Hoje você clareou vários aspectos que irão ajudar.

Qual oportunidade você pode criar hoje em sua vida para que a sorte o encontre?

Qual porta está fechada, mas que depende de você abrir? Quais habilidades estão escondidas do outro lado dessa porta? São todas suas!

Sessão #39: Você Consegue Ouvir Sua Voz?

Dizer "não" teoricamente é algo simples, assim como dizer "sim". São apenas três letras que indicam que você está consciente do que está acontecendo e tem clareza sobre o que quer ou não quer. No contexto do "não", essa resposta demonstra que você sabe não apenas o que não quer, mas também o que deseja evitar.

Você consegue se lembrar de momentos específicos em sua vida nos quais você disse "sim" para os outros, mas, na realidade, estava indo contra o que queria? O que silenciou sua voz em situações assim?

Em quais situações específicas em sua vida você identifica que disse "sim" para os outros, mas, na verdade, estava dizendo "não" para si mesmo? Reflita sobre isso e escreva em seu caderno de anotações as respostas.

Frequentemente, dizemos não a nós mesmos, muitas vezes sem perceber. Por exemplo, imagine que você possui um perfume de que gosta muito, talvez por ser muito caro ou por ter sido um presente de alguém querido. Esse perfume não é apenas seu preferido; é algo verdadeiramente especial para você. Ao perceber que ele está quase no fim, você decide guardá-lo para uma ocasião que considerar especial, como um encontro romântico, um jantar elegante ou qualquer outro evento importante. Pode ser que você o guarde sem um motivo específico, simplesmente porque atribui a ele um valor sentimental único.

Toda vez que você decide usar um perfume, olha para esse frasco e vê outros mais acessíveis, baratos ou que não têm o mesmo significado emocional. Então, você evita usar seu perfume especial para "guardá-lo".

Agora, imagine que uma pessoa que você ama muito foi visitá-lo, alguém que você não via há bastante tempo. Enquanto essa pessoa estava na sua casa, ela notou o frasco desse perfume específico, por ser muito bonito. Ela o pegou nas mãos, elogiou a embalagem e você percebeu que, só pelo fato de ela tocar nesse perfume, uma série de pensamentos e emoções relacionados a tudo o que esse perfume representa para você surgem em sua mente. Embora você sinta um desejo interno de dizer para essa pessoa largar seu perfume, o que realmente acontece é que você acaba permitindo que ela até mesmo aplique um pouco para sentir o aroma.

Agora, refletindo sobre esse exemplo, você percebe o quanto frequentemente nos privamos de usar aquilo que gostamos para, com o passar dos dias, meses ou anos, permitir que outra pessoa simplesmente faça o que não tivemos coragem de fazer?

Usei o exemplo do perfume, mas essa dinâmica se estende a muitos outros aspectos da vida, podendo acontecer em seu ambiente de trabalho, quando um colega que entrou depois de você conquistou uma promoção que você também queria e para a qual também estava qualificado, apenas porque ele teve a atitude de abordar a pessoa responsável pelo recrutamento, ao contrário de você.

Como no exemplo do perfume, às vezes não dizer nada também é dizer "não" a si mesmo. Esse silêncio pode ser causado por medo, falta de confiança ou preocupação com o que os outros pensarão se você se posicionar com um "não". Quais são as áreas da sua vida em que você gostaria de ter mais voz?

Existem momentos em que, mesmo sabendo o que queremos, hesitamos e acabamos por deixar as oportunidades escaparem. É como se disséssemos "não" a nós mesmos e permitíssemos que alguém mais decidido ou ousado dissesse "sim". Já parou para pensar por que disse tantos "nãos" a si mesmo?

Quantas oportunidades você considera que já perdeu por ter se calado?

Reflita sobre um momento em que dizer "não" a algo ou alguém teve um impacto positivo em sua vida. Como você se sentiu?

Foi algo que deixou de fazer ou foi algo que evitou? Compreende a diferença?

Muitas vezes, essa evitação em dizer "sim" a nós mesmos pode resultar na perda de oportunidades únicas. Convido você a refletir se faz sentido considerar essas situações passadas como um lembrete de que, ao negar a si mesmo o "sim", poderá permitir que outros digam "sim" em seu lugar, aproveitando oportunidades que eram para ser suas.

Você já se percebeu evitando oportunidades que desejava, apenas porque sentia que não estava preparado o suficiente ou tinha medo de falhar? Isso já aconteceu com você?

É importante reconhecer esses padrões e lembrar que, assim como no exemplo do perfume, há momentos em que precisamos reivindicar o que é importante para nós, em vez de permitir que outras pessoas definam o rumo das nossas vidas. Aliás, se você se calou e não disse "sim" para o que queria, será mesmo que foi outra pessoa que definiu o rumo de sua vida?

São apenas três letras que podem estar entre você e uma grande oportunidade. A habilidade de dizer "sim" a si mesmo lhe permite viver uma vida mais alinhada com seus desejos e, até mesmo, missão de vida.

Vamos clarear muitas coisas ainda nesta sessão, e uma delas é que não se trata exclusivamente de ter atitude e responder "sim" para todas as oportunidades que surgirem. Outro exemplo que posso dar é o surfe. Para se tornar um surfista profissional e muito bem avaliado, é preciso ter a atitude de aprender a surfar, a coragem para se aventurar em ondas cada vez maiores e o desejo de desafiar seus próprios limites.

Analisando até aqui, a atitude é um fator fundamental para conquistar coisas na vida. Mas precisamos compreender que não é possível se tornar o melhor surfista da noite para o dia. Isso requer tempo, dedicação e treinamento constante. Não é aconselhável enfrentar a maior onda sem experiência e técnicas necessárias. Você precisa de autoconhecimento, entender seus limites e adquirir as habilidades técnicas para lidar com grandes desafios. Sem esse preparo, dizer "sim" ao mar pode ser muito perigoso!

O mesmo surfista, antes de se tornar um "super surfista", disse várias vezes a palavra "sim", seja para se matricular em uma aula, seja na compra de materiais como roupas, pranchas, etc. Mas ele, imaginamos, também disse "não" a muitas ondas que considerou estarem além de sua capacidade naquele momento, e isso não foi falta de atitude, mas prudência.

Faz sentido para você pensar que, assim como não adianta hoje ir atrás da maior onda para tentar "aprender mais rápido" a surfar, também não adianta simplesmente passar a dizer "não" para tudo? Tanto no surfe quanto na vida, agir sem a técnica adequada e sem um motivo válido não fará sentido da mesma forma.

Resumindo, não se trata simplesmente de atitude, mas de encontrar o equilíbrio entre a disposição para dizer "sim" a si mesmo e a prudência de reconhecer quando é necessário adquirir a capacidade, o conhecimento e a experiência para depois aproveitar as oportunidades. Ou seja, é preciso se preparar. E não é isso que você está fazendo aqui, agora?

Você consegue se lembrar de uma situação em que concordou com algo que, na verdade, gostaria de recusar? Qual foi o motivo por trás dessa decisão?

Algumas pessoas evitam dizer "não" para evitar conflitos, mesmo que isso signifique sacrificar suas próprias necessidades.

Dizer "sim" para os outros é fácil, dizer "não" é mais difícil. Mas então, por que há dificuldade em dizer "sim" para nós mesmos? Por que, muitas vezes, é mais fácil dizer "sim" para os outros do que para nós mesmos? Isso ocorre em virtude da priorização das necessidades alheias sobre as nossas, o que pode levar a uma falta de harmonização interna, desencadeando várias outras faltas emocionais.

Talvez você esteja tão silenciado agora que nem reconheça mais sua verdadeira voz. Quando você deixou de reconhecê-la? Pode ter sido no meio de um "sim" que você deu a alguém, silenciando a si mesmo, talvez até hoje.

Quando concordamos com algo que preferiríamos recusar, como emprestar dinheiro, compartilhar pertences pessoais, fazer coisas que não desejamos apenas para agradar alguém, ou até permitir que outro receba crédito pelo nosso próprio trabalho, estamos negando nossos próprios desejos e necessidades, silenciando nossa verdadeira voz.

Ao aceitar algo que internamente não desejamos, também estamos negando a nós mesmos, e essa dinâmica tende a se repetir em nossa vida diária, praticamente o tempo todo, podendo virar uma espécie de hábito. Ao somar essas pequenas concessões, ao final do dia, dissemos "não" a nós mesmos e "sim" aos outros várias vezes. Será que essa dinâmica de dizer "sim" para os outros e "não" para si mesmo se tornou um hábito em sua vida?

Como você pode identificar quando isso acontece e mudar esse padrão?

Você já se viu em uma situação em que dizer "não" para os outros foi uma forma de se proteger ou manter seus próprios limites?

Houve arrependimento depois? Se sim, por quê? Se não, o que acredita que ganhou ou evitou ao dizer o que realmente queria?

No contexto do surfista, enfrentar as águas em busca da maior onda sem compreender seu próprio limite e sem ter as técnicas adequadas pode resultar em ferimentos graves. Nesse caso, optar por não entrar no mar é um ato sensato. A falta de atitude é, nesse caso, uma escolha prudente, enquanto o contrário seria uma ação imprudente. Você sabe dizer qual seria o equilíbrio?

Vamos imaginar que seu sonho é receber o prêmio de melhor surfista do ano. Você quer evoluir rápido para que seu reconhecimento venha logo. O que você deve fazer? Entrar no mar e se desafiar ou se contentar com o fato de que talvez você não saiba nadar muito bem?

Não vai adiantar se arriscar com ondas gigantes nesse começo, isso poderia machucá-lo e fazer com que você não tivesse resultado algum, criando até traumas sobre o assunto. O ideal seria você dizer "sim" para dar um pequeno passo ao que você tanto quer. Mas qual seria esse pequeno passo? Pode ser uma aula de natação específica, depois estudar técnicas e ir, aos poucos, evoluindo. Embora você diga "não" para as ondas altas nesse momento, você não ficou parado. Você disse "sim" para si também, com autocuidado.

Como a prudência, que mencionei no exemplo do surfe, poderia ser aplicada à sua vida diária?

Em que situações a falta de atitude pode ser uma escolha prudente?

Qual pequeno passo que você pode dar para começar a recuperar sua verdadeira voz?

Como esse pequeno passo poderá impactar na sua vida, autoestima e bem-estar?

Quais são as áreas em sua vida em que você se compromete a dizer "sim" a si mesmo com mais frequência?

Qual é o "sim" que você pode se conceder agora para começar a equilibrar essa dinâmica?

No seu dia a dia, em que situações você tem dito "não" a si mesmo e isso lhe causa sofrimento?

Assim como um bom perfume ou outros tesouros que você possa estar guardando, seu "sim" a si mesmo deve ser usado diariamente. Qual o "sim" que você pode aplicar agora para recuperar sua verdadeira voz?

Sessão #40: Qual o Peso da Injustiça?

Já teve a sensação de que alguém estava tentando enganá-lo ou cometendo uma injustiça contra você? Vamos admitir, todos nós já passamos por momentos em que nos sentimos enganados ou injustiçados. É aquela sensação de ter sido pego de surpresa por uma mentira, de sentir vergonha por ter confiado em alguém que nos decepcionou, ou até mesmo de tomar decisões influenciadas e das quais mais tarde nos arrependemos.

Hoje, você se sente injustiçado de alguma forma? Alguém contou histórias ou disse algo que não era verdade? Com que intuito, você sabe?

Alguém já o ludibriou com o propósito de influenciar uma compra ou empréstimo?

Vamos agora nos lembrar de pelo menos três situações. Anote no mínimo três momentos da sua vida que ainda mexem com você, que deixaram uma marca e que você não consegue simplesmente esquecer. Pode ser uma situação injusta pela qual você passou, um amigo que tenha mentido para você, um relacionamento em que tenha se sentido enganado ou até mesmo uma compra feita sob influência. Escreva os nomes das pessoas e o que aconteceu.

Sobre essas situações que você escreveu, sente que elas ainda paralisam você de alguma forma?

Essas experiências e sensação de injustiça podem ter um impacto profundo em nossas crenças e sentimentos, podendo sim nos "paralisar". Às vezes, elas podem nos levar a duvidar da sinceridade dos outros, dificultar a construção de novos relacionamentos ou até nos fazer hesitar na tomada de decisões.

Agora, olhando para as três ou mais situações que você anotou, vamos clarear como elas afetaram sua confiança, relacionamentos e a capacidade de tomar decisões informadas.

Comece analisando como cada uma dessas situações afetou sua confiança nas pessoas ao seu redor. Pode ser que, após acreditar ter sido enganado, você agora tenha dificuldade em confiar nas pessoas. Como isso influenciou seus relacionamentos e sua capacidade de se abrir para novos?

Pense também sobre como essas experiências moldaram suas crenças sobre a tomada de decisões. Talvez você tenha se tornado mais cauteloso, evitando agir antes de pensar em todas as possibilidades ou tenha desenvolvido uma tendência a questionar as intenções por trás de cada proposta ou oferta. Será que você ficou desconfiado demais? Já disseram isso para você?

E sobre os sentimentos que essas experiências deixaram, como mágoa, raiva, decepção e outros, como esses sentimentos influenciaram sua vida depois que aquilo aconteceu? Quais outros sentimentos você identificou? Registre em seu caderno.

O objetivo aqui não é apenas relembrar essas experiências desagradáveis e talvez dolorosas, mas, sim, compreender como elas influenciaram suas crenças e sentimentos atuais. Você gostaria de colocar um ponto final nisso?

Antes de virarmos essa página, que talvez tenha lhe trazido tantos sentimentos ruins, precisamos fazer mais uma análise.

Caso você tenha anotado várias situações, agora é o momento de classificá-las em uma escala em que a pior situação, a que mais machucou você ou trouxe danos, será considerada como número 1. Por exemplo, se você anotou cinco situações, selecione a pior delas como 1 e siga numerando as outras até a situação menos grave, que será identificada como número 5.

Após fazer isso, como se fosse a coisa mais importante para você, quero que analise cada situação minuciosamente. Leia os seguintes parágrafos, respondendo às perguntas, pensando em cada uma das pessoas e situações que você escreveu de forma isolada e não de maneira geral. Comece pela situação 1.

Sobre essa situação, a pessoa envolvida o enganou para que você realizasse ações que estavam de acordo com os desejos dela, prometendo retribuir, mas depois não fez nada? Havia um contrato, mesmo que não físico, mas verbal, sobre o que aconteceu?

Essa pessoa tirou proveito de você?

Ou, talvez, você apenas acreditou que, ao fazer algo, seria compensado? Pode ser que você tenha acreditado que essa pessoa agiria em seu benefício pelo que você fez por ela. Nesse caso, a pessoa havia lhe prometido algo, ou você acreditava que ela agiria de acordo com a sua expectativa, com base no que você fez, embora não tenha havido uma promessa clara? A resposta dessa questão é de extrema importância. Faz muita diferença se a pessoa lhe fez uma promessa e não cumpriu, ou se você criou expectativas por conta própria, sem que ela tivesse prometido diretamente. Qual situação aconteceu com você?

Cada uma das situações que você anotou precisa ser analisada individualmente. Agora responda às perguntas anteriores para cada uma das situações e releia essas perguntas até este ponto, para que possamos prosseguir após a análise individual de cada situação. Após fazer isso com cada uma das situações, vamos dar seguimento.

É provável que, dentre as situações que você escreveu, existam algumas em que havia contratos e outras não. Para lidar com essas situações, é preciso reconhecer, verdadeiramente, qual das duas opções ocorreu: se houve um acordo claro estabelecido ou se as coisas permaneceram nas entrelinhas. Sinalize com um asterisco (*) ao lado das situações em que considera ter havido um acordo prévio. E aquelas que não tiverem asterisco são as que não houve esse contrato prévio, ou seja, você apenas criou expectativas.

Se alguém prometeu algo e não cumpriu, é compreensível que se sinta magoado, chateado ou até mesmo com raiva, achando essa situação injusta. Mas, pode ser que essa pessoa não tenha realmente feito uma promessa e você tenha criado suas próprias expectativas baseadas no que acreditava ser uma troca justa.

Você imaginou que, se estivesse na posição dela, teria agido de forma diferente, fazendo exatamente o que esperava que essa pessoa fizesse por você. Isso pode acontecer, quer a pessoa tenha feito uma promessa ou apenas tenha dado a impressão de que faria algo.

Se você percebeu que criou expectativas, saiba que o primeiro passo é se perdoar por ter desenvolvido essas expectativas. O segundo passo é reconhecer que o outro não foi responsável pelo que você imaginou. O terceiro é deixar de se sentir como alguém injustiçado.

Você parou para pensar como nossos valores pessoais podem influenciar nossa percepção de quem é o injusto ou injustiçado? Você tem seus valores, como a honestidade e integridade, mas será que todos compartilham esses mesmos valores?

Você concluiu 39 sessões antes desta, adquirindo uma nova consciência. Você já compreende que as pessoas crescem em ambientes diferentes, o que molda suas crenças individuais. Cumprir promessas e contratos pode ser fundamental para você, mas alguém que cresceu em um contexto diferente pode ter outra perspectiva sobre isso. Embora possa ser difícil identificar seus próprios valores nas pessoas que o enganaram, é possível que elas compartilhem alguns valores com você.

Você já se encontrou em uma situação em que teve de tomar uma decisão que parecia ir contra seus princípios ou valores pessoais?

Atendi um cliente de 57 anos, advogado bem-sucedido, com seu próprio escritório. Ele se viu em um dilema moral, pois havia defendido uma grande empresa em um processo judicial, mesmo acreditando que a outra parte do processo contra a empresa estava certa. Ou seja, ele havia tomado a decisão de representar uma grande empresa em um caso que ele mesmo considerava injusto. Certo de que a vitória nesse caso beneficiaria seu escritório e sua carreira, aceitou.

Quando o cliente me procurou, já havia transcorrido mais de um ano desde o encerramento desse processo. Nesse período, seu escritório de advocacia de fato prosperou, mas o que o atormentava era o fato de seu sucesso ter sido construído às custas da pessoa que, em sua opinião, estava correta, fazendo com que ele se considerasse injusto e errado.

Ele não conseguia dormir bem, ganhou mais de 15 quilos e não conseguia relaxar ou se sentir em paz, dizendo que não havia estudado Direito para se envolver em situações desse tipo e se via, antes desse caso, como uma pessoa digna e de princípios.

Quem olhasse de fora, veria seu sucesso profissional e crescimento, mas, por dentro, ele estava cheio de culpa e infelicidade, pois estava em desacordo com seus valores pessoais, querendo inclusive fechar seu escritório.

E se fosse você, como acha que teria se sentido se seu sucesso ou destaque tivesse sido construído com uma situação em que você acreditava que havia agido de maneira contrária aos seus princípios?

Realizamos uma sessão focada na identificação de valores e crenças, o que já trouxe muitas respostas. Após isso, sugeri que ele conversasse com seus pais para investigar sua infância e os sonhos que o levaram a escolher sua profissão. Inicialmente, ele não achou fazer sentido aquilo, mas como não se lembrava muito de sua infância, aceitou ter a conversa com seus pais.

Essa conversa o fez compreender seus motivos para escolher a advocacia e o que o estava incomodando, indo além do que ele já sabia.

Ele descobriu que seu avô também era advogado, mas que havia fechado seu escritório perto dos 60 anos, a fim de se aposentar e dedicar mais tempo à família. Seu avô não desejava que seu filho, pai do meu cliente, seguisse a mesma profissão, dando como motivo o fato de ter chegado a um ponto da vida em que só trabalhava, levando-o a uma crise depressiva.

Você percebe como ele estava seguindo, mesmo sem saber, os passos do avô e o sonho de seu pai? Ficou claro como a profissão de advogado estava enraizada em sua história familiar e em seus valores.

Ele só recordou os motivos que o fizeram escolher sua profissão depois que sua mãe compartilhou que não era um sonho de infância, mas algo que aconteceu quando ele tinha 17 anos. Nessa época, ele defendeu sua irmã mais nova de um colega que praticava *bullying*. Sua atitude de intervir, conversar com o colega, seus pais e a escola, e seu desejo de justiça o levaram a acreditar que ele tinha talento para a advocacia, e as pessoas também lhe disseram isso.

Em sua vida, você já considerou as influências familiares em suas escolhas profissionais e na formação de seus valores?

Você percebeu que, em idade similar à do meu cliente, seu avô fechou seu escritório? Não sabemos exatamente o que aconteceu na época, mas havia a possibilidade de que seu avô também tivesse passado por uma situação semelhante, na qual ganhar um caso que ia contra seus valores o deixou culpado.

O pai de meu cliente o contou que julgou negativamente o avô por ter fechado o escritório, já que ele gostaria de ter sido advogado também. Seu avô havia o proibido de seguir a mesma carreira, permitindo-lhe escolher qualquer outra profissão, exceto a advocacia.

Além disso, ele clareou o medo e a vergonha que sentia ao pensar em contar ao pai sua intenção de fechar o escritório. Tudo se encaixou, mostrando como a história de sua família e os sentimentos estavam diretamente ligados à sua vontade de desistir da profissão de advogado e de ir contra seus princípios.

Você consegue ver todas as informações sincronizadas e os motivos pelos quais meu cliente queria desistir da carreira?

Você acha que ele perdeu seus valores quando aceitou defender aquela grande empresa?

O que você faria se estivesse no lugar dele? Acredita que tomaria a mesma decisão, ou optaria por manter seus princípios acima de tudo?

Quais são seus princípios? Escreva em seu caderno todos eles. É importante clarear quais são.

O que você acha que define uma pessoa como "boa" ou "ruim"? Será que as ações do advogado em aceitar o caso automaticamente o tornam uma pessoa má, ou existe mais complexidade nessa situação?

Como acredita que a pessoa que perdeu o caso representado pelo meu cliente se sentiu? Acha que ela se sentiu enganada ou injustiçada?

Quais valores ela achou que meu cliente, ao defender uma empresa que estava errada, não tinha? Ela o considerou uma pessoa má?

Considerando a história do meu cliente, você já se questionou se uma das pessoas, ou todas, que você escreveu como tendo o injustiçado no passado, pode ter agido com base em seus próprios valores? Você acha que esses valores são iguais aos seus? Alguns deles, pelo menos?

Você consegue ver que é possível achar que a pessoa saiu "ilesa", mas talvez ela se culpe, embora silenciosamente?

É claro, isso não justifica nem tira a responsabilidade sobre o que fizeram com você. Então, convido-o a pensar que essas pessoas que o machucaram no passado podem ter apenas sido corrompidas em um momento, talvez por não terem clareza de seus valores.

Você acha que meu cliente foi corrompido ou corrompeu-se?

Às vezes, não são as grandes oportunidades ou grandes propostas que nos corrompem, mas as pequenas. Você pode ter passado por uma situação similar, em outro contexto, mas que se viu corrompido a fazer coisas, tirando um proveito, ainda que pequeno.

Como você acha que as experiências do advogado, que o levaram a questionar suas ações e valores, se relacionam com as situações em que você se sentiu enganado ou influenciado negativamente?

É importante lembrar que as pessoas podem agir de maneiras diferentes em diferentes momentos de sua vida. Meu cliente, por não ter clareza de seus valores, reconheceu que foi corrompido por si só.

Agora, com a clareza de seus valores, considere a oportunidade de refletir sobre como essas experiências, vistas até agora negativamente pela sua antiga consciência, moldaram você e o ajudaram a evoluir. Não é uma tarefa simples, mas reconheça que além das travas que elas lhe trouxeram, também vieram coisas boas depois disso, e que sem aquelas experiências você não teria tido algumas oportunidades.

Meu cliente, com seus valores bem claros, admitiu que nunca havia tentado verificar a situação daquela pessoa que perdeu o processo. Ele sentia curiosidade e um senso de responsabilidade em relação a essa mulher, que, de acordo com suas crenças, havia sido prejudicada injustamente.

Foi durante uma de nossas sessões que ele a procurou nas redes sociais e descobriu que ela estava há quase meio ano envolvida em um trabalho como voluntária e que, para sua surpresa, ela não havia compartilhado nada sobre o que aconteceu envolvendo-o.

Observando-a ressignificar sua experiência de injustiça, criando algo grande e realmente importante sobre o que passou, ele começou a questionar sua própria visão das coisas. Ele enxergou a situação de forma mais ampla, expandindo sua consciência, percebendo que ela já havia virado aquela página, e, talvez sem a experiência que ela teve, da qual ele participou como o "algoz", ela não teria tido a oportunidade de fazer um trabalho tão importante.

Ao verificar a situação atual dela, ele se sentiu preparado e assumiu o compromisso em virar essa página, deixando o passado para trás e abrindo espaço para coisas novas, mais coerentes com seus valores.

Você já se encontrou em uma situação em que precisou pedir perdão a alguém? Você conseguiu ou apenas teve o sentimento?

Meu cliente não pediu perdão a ela nem fez contato, mas ele se concedeu o perdão, o que foi o mais importante. Por isso, quem vê de fora, nem imagina que aquela página em sua vida teve uma reviravolta, não sabe exatamente o que aconteceu.

A lição é clara: todos nós temos a capacidade de virar a página, seja você o advogado injusto ou a cliente que foi injustiçada. Convido você agora a virar sua página ou páginas, transformando suas próprias experiências, tirando proveito delas.

Você pode ter dificuldade em fazer isso porque pode ter escolhido uma única possibilidade de "final feliz" para a sua história, medindo o peso da injustiça que passou. Talvez você tenha visto apenas uma única forma de virar página em sua vida, mas a verdade é que existem muitas outras possibilidades, e agora você sabe disso.

Como você acredita que as experiências, mesmo aquelas que inicialmente lhe pareciam negativas, podem ter contribuído para seu crescimento e proporcionado oportunidades que de outra forma não teria?

Lembre-se, mesmo nas salas de audiência da vida, onde a injustiça pode parecer algo inevitável, você tem o poder de escrever sua própria sentença, ressignificando o que passou, assim como fez a mulher que perdeu o caso.

Como você pode conquistar a justiça que deseja, criando um futuro mais alinhado com seus valores?

As respostas que você busca estão dentro de você, e cada página da sua história é uma oportunidade para escrever sua própria sentença, criando novos finais felizes.

Não deixe que as situações de seu passado paralisem seu destino. Em vez disso, use-as como trampolins para um amanhã mais justo e alinhado com quem você é. O veredito final é sempre seu!

Sessão #41: Quem Tem Embarque Prioritário na Sua Vida?

Imagine que você tem a chance única de embarcar em um passeio de trem. Com duração de seis horas, você poderá escolher levar qualquer pessoa. Sem internet, celulares ou outros passageiros, só existirão você e essa pessoa no trem. Quem você escolheria como seu acompanhante nessa viagem?

Poderia ser um de seus pais, o amor de sua vida ou alguém com quem você não tem contato há anos e gostaria de se reaproximar, tornando esse passeio uma chance de esclarecer questões pendentes. Você pode escolher alguém que não está mais entre nós, fazendo uma despedida só você e essa pessoa. Talvez você escolha levar seu melhor amigo, seu pet ou até mesmo seu chefe! A escolha é sua, e se preferir, também pode ir sozinho. Antes de continuar, escreva sua resposta.

Algumas das opções que sugeri podem parecer peculiares, mas, às vezes, somos tão dedicados ao trabalho, tão apegados aos nossos amigos ou membros da família que a resposta pode variar. Algumas pessoas escolhem um filho, imaginando que ele não conseguiria sobreviver sem elas, ou seus parceiros, por medo de serem esquecidas ou substituídas se sumissem por seis horas, enquanto outras realmente escolhem ir sozinhas.

O que você espera ao compartilhar essas seis horas com essa pessoa? Não há resposta certa ou errada. Escreva o que motivou sua escolha e o que espera conversar ou fazer durante o tempo juntos.

Se sua escolha foi desfrutar desse tempo sozinho, é uma decisão interessante. Provavelmente, você dedica tempo e energia a outras pessoas, relacionamentos, trabalho e responsabilidades, e talvez acredite ter negligenciado a si mesmo. Essas seis horas poderiam ser uma oportunidade rara de passar um tempo consigo mesmo. Veja como isso revela sobre o quanto você valoriza seu tempo a sós! Essas seis horas podem ser um presente para si mesmo, um tempo para refletir, relaxar, talvez ficar sem fazer nada ou se reconectar com seu verdadeiro eu.

Se você optou por ir sozinho nesse passeio especial, mas agora considera levar alguém, isso pode também ser uma reflexão interessante. A ideia de trazer alguém pode enriquecer a experiência de diversas maneiras. Talvez haja alguém com quem você queira compartilhar esse tempo, ter uma conversa leve ou resolver pendências. Que pessoa você escolheria para acompanhá-lo nesse passeio?

Agora é o momento da "chamada final". É importante que você esteja confiante em sua escolha. Mas é perfeitamente aceitável mudar de ideia ao perceber que existem outras possibilidades, e essa é sua chance.

Por mais que você possa ter escolhido inicialmente a opção de ir sozinho, para esta sessão específica é necessário levar alguém. A escolha da pessoa que você levará não muda sua decisão anterior, neste caso. Escreva o nome da pessoa que você escolhe agora selecionando como "embarque prioritário".

Se você não decidiu ir sozinho, escolhendo uma pessoa antes e optado em mudar essa pessoa agora, registre quem você escolheu anteriormente como "opção 2" e selecione sua nova escolha como "opção 1".

Você pode achar que a "opção 1" deveria ser quem escolheu antes, mas a verdade é que sua primeira opção nunca foi aquela. Alguns motivos, talvez éticos ou crenças, fizeram você escolher aquela pessoa antes, mas seu verdadeiro desejo sempre foi a segunda pessoa que escolheu, por isso, escreva agora o nome da segunda pessoa que escolheu e marque como "embarque prioritário". Quem é seu embarque prioritário?

Como você imagina que sua escolha impactará a vida dessa pessoa? O que ela falará primeiro?

Você está convidado a aprofundar essa experiência, fechando seus olhos por um momento e imaginando estar a bordo desse trem, apenas você e a pessoa que escolheu como "embarque prioritário". Agora, em vez de uma viagem de seis horas, cinco minutos são suficientes para vocês. O cenário será de tranquilidade e sem filtros, perfeito para ser você em sua verdadeira essência. Visualize a pessoa ao seu lado ou na sua frente e inicie uma conversa. Como se sentiria compartilhando esse momento único com ela? Esta é a oportunidade única de dizer o que sempre quis, mas, por algum motivo, nunca o fez. Ao finalizar, escreva em seu caderno como foi essa experiência.

Como se sentiu durante essa viagem imaginária com a pessoa escolhida?

Houve algo que gostaria de ter dito ou compartilhado que não conseguiu?

Essa experiência trouxe à tona sentimentos ou *insights* sobre essa pessoa ou sobre você que deseja compartilhar em seu caderno?

Como essa experiência impactou sua percepção da importância dessa pessoa em sua vida ou de como vocês se relacionam?

Agora, considerando a pessoa que você escolheu como seu "embarque prioritário", se fosse questionada sobre quem ela escolheria para acompanhá-la no mesmo passeio, quem você acha que ela levaria? Seria você ou outra pessoa?

Por que você acha que ela tomaria essa decisão? Aqui, o importante é o que você acredita que a motivaria a escolher essa pessoa, sendo você ou não. Escreva em seu caderno também se você acha que ela mudaria a escolha na "última chamada".

Se você acredita que a pessoa que você escolheu não o escolheria para a viagem, como isso afeta agora sua percepção de prioridade na vida dela?

Você acha que ela levaria em consideração o fato de ter sido escolhida? Isso mudaria sua própria escolha na "última chamada"?

Você tem oportunidade, atualmente, de ficar a sós com ela? Talvez você tenha escolhido alguém que não faz parte de sua vida agora, alguém que está distante ou nem está mais entre nós. E se você escolheu levar alguém que não faz parte de sua vida no momento, por que essa pessoa é uma prioridade em seu coração? O que faltou acontecer ou você dizer a ela? Será que você precisa voltar naquele trem novamente para finalizar algo?

Quando escolhemos alguém para passar esse tempo especial, longe de influências como celular, pessoas ou internet, é uma demonstração de prioridade e importância. Assim como você fez uma escolha que pode ter sido difícil, essa pessoa também faria. Você acredita que essa escolha reflete o quanto você é ou não importante na vida dessa pessoa, ou que as prioridades mudam com o tempo?

Caso você acredite que ela não o escolheria para a viagem, isso não significa que você não seja importante para ela, mas, sim, que naquele momento específico, você não se veja sendo uma prioridade. Assim como você escolheu alguém com base em seus sentimentos e prioridades do momento, o mesmo se aplica à pessoa escolhida como "embarque prioritário".

Isso foi uma demonstração de como as dinâmicas dos relacionamentos podem variar, e como diferentes pessoas ocupam espaços de importância em nossas vidas em momentos específicos. Sua escolha mudará de tempos em tempos, e isso é normal.

Não se trata de desvalorizar alguém, mas sobre priorizar alguém, aproveitando uma oportunidade única! Não quer dizer que você desmereça outras pessoas mais próximas a você. Pode simplesmente indicar que dentro do seu coração, há uma prioridade escondida e alguém que você lembra e pensa, mesmo que ninguém, nem mesmo essa pessoa, saiba disso.

Você acha que essa pessoa sabe que seria a escolhida? Se ela não tem conhecimento disso, não acha que seria importante ela saber que é o "embarque prioritário" em sua vida? O que acredita que ela diria primeiro se soubesse que você a escolheu?

É importante lembrar que a vida ou o tempo pode nos afastar de pessoas que amamos a qualquer momento. Mostrar o quanto alguém é importante em nossa vida nem sempre é uma tarefa fácil, mas podemos fortalecer os laços criando momentos especiais, compartilhando um tempo também significativo de outras formas que façam mais sentido para ambos.

Talvez você não consiga fazer um passeio de trem durante seis horas com a pessoa que você escolheu, mas como acha que pode demonstrar o valor que ela tem em sua vida de outra forma?

O que você aprendeu sobre suas prioridades e relações ao longo desta sessão?

Sentiu uma mudança na percepção de quem é importante em sua vida?

Como essas reflexões podem influenciar suas escolhas e relacionamentos?

Como você pretende levar adiante a clareza que encontrou ao escolher quem levaria neste passeio imaginário?

Nessa sessão, você refletiu sobre suas prioridades e pode ainda clarear que existem diversas maneiras de demonstrar o quanto alguém é especial para você.

E se você tivesse a chance de levar não apenas uma, mas dez pessoas especiais nessa viagem, quem estaria na sua lista como "embarque prioritário"? Você incluiria a pessoa mencionada antes? Pense em cada um e imagine como esse trem poderia se encher de risos, histórias e memórias incríveis com essas pessoas!

A vida real lhe oferece oportunidades reais para demonstrar a importância dessas pessoas em seu dia a dia. Que tal desfrutar cada momento com as pessoas próximas a você, como se fosse uma viagem única? Encha seus dias com momentos especiais, planeje encontros únicos e compartilhe o amor que você guardou para essa viagem imaginária. Agora, com seu coração cheio de sentimentos, como você planeja fortalecer esses laços com quem é mais próximo para uma viagem da vida real?

Use a inspiração que você encontrou nesta sessão para planejar algo especial com algumas das dez pessoas que você escolheu para essa outra viagem. Pode ser um piquenique, um filme que acredita que elas gostariam de assistir, um almoço especial ou o que fizer mais sentido para você. Não precisa ser todos juntos, o importante é demonstrar como cada um é importante e especial para você!

Nós nos encontramos na próxima sessão para aprofundar ainda mais essa experiência!

Sessão #42: Em que Lugar da Fila Você Merece Estar?

É verdade que nem sempre precisamos de ocasiões grandiosas ou presentes caros para mostrar o quanto alguém é especial. Às vezes, um simples gesto, como um sorriso, uma mensagem atenciosa ou um momento compartilhado, pode ser tudo o que é necessário para demonstrar o quanto alguém é importante para nós.

Quais são as maneiras pelas quais você demonstra o valor que alguém tem em sua vida?

O que você valoriza mais em termos de demonstração de afeto? O que faz com que se sinta especial? Registre no mínimo cinco coisas que, ao receber, fazem você se sentir especial.

O mais interessante é que todos têm essa mesma oportunidade de mostrar afeto. Isso significa que, se alguém deseja expressar o quanto você é importante, é provável que essa pessoa saiba como fazer isso. Talvez ela não se expresse exatamente como você imagina ou queira, afinal, cada um possui sua própria maneira única de ser. O importante é lembrar que ela poderá de diversas outras formas expressar seus sentimentos, caso deseje realmente fazer isso.

Como se sente quando percebe que a dedicação que oferece a alguém não é correspondida? Como isso afeta sua autoestima?

Já experimentou a frustração de dedicar tanto de si a alguém e sentir que não estava recebendo o retorno esperado?

Quem é essa pessoa? Dedique alguns minutos à reflexão e registre em seu caderno o nome da pessoa a quem você sente que se dedica, talvez sendo sua prioridade, marcando-a como "pessoa 1.

Como é reconhecer que a "pessoa 1" pode não perceber ou valorizar o que você faz por ela?

Já considerou conversar com a "pessoa 1" sobre suas expectativas ou sentimentos em relação à dedicação que você dá a ela? Se ainda não fez, como acha que ela reagiria? O que o impede de ter essa conversa?

Lembra quando isso começou? Sempre foi assim ou a relação de vocês mudou com o passar do tempo?

Como a expectativa de receber algo da "pessoa 1" afeta sua vida?

O que você acha que essa pessoa espera de você ou da relação de vocês?

Não podemos confundir o fato de cada pessoa ter sua própria forma única de se expressar, com a aparente apatia de alguns em relação a isso. É importante lembrar que seremos mais importantes para algumas pessoas do que para outras, da mesma forma como algumas pessoas serão mais importantes para nós do que outras.

Em nossa busca por reconhecimento e afeto, podemos nos fixar na expectativa de receber algo de alguém que não está dedicado a nós. Enquanto isso, talvez haja outra pessoa que valorize e se dedique a nós, mas que está fora do nosso campo de visão, porque nossos olhos estão voltados para outro lado, ou melhor, para outra pessoa.

Imagine essa dinâmica num cenário com três pessoas enfileiradas. A primeira pessoa representa alguém a quem você se dedica muito; ela está de costas para você, que está logo atrás dela. Atrás de você, há outra pessoa, que você não enxerga, mas que está de frente para você, demonstrando dedicação e foco. Note que a primeira pessoa não está olhando para trás, ou seja, não enxerga você, assim como você não está enxergando a terceira pessoa.

Nessa dinâmica, temos o nome de duas pessoas já: a primeira (pessoa 1) e a segunda (você). Quem será que é a "pessoa 3" nessa fila? Quem está sempre dedicado a você, mas você não consegue ver? Embora imagine que sabe quem é, você não sabe, pois simplesmente não a enxerga.

Para ajudar a visualizar isso mais claramente, feche os olhos por um momento e imaginar uma fila de três pessoas. Na primeira posição, está a "pessoa 1", alguém a quem você dedica muita atenção, mas que parece não reconhecer ou valorizar o que você oferece. Logo atrás da "pessoa 1" está você, ocupando o lugar do meio na fila, com suas expectativas direcionadas à "pessoa 1". Em seguida, na terceira posição, está a "pessoa 3", que você sente que está atrás de você, mas cujo rosto ou identidade você não consegue enxergar claramente. Tente se conectar com os sentimentos de cada pessoa nessa fila, incluindo os seus, e considere o que os leva a focar em diferentes aspectos da dinâmica.

Após isso, responda às seguintes perguntas:

Como é para você estar nessa fila?

Você gostou do lugar que está?

Qual preferiria estar?

Como você se sente ao perceber que, enquanto você se dedica à primeira pessoa, há alguém dedicado a você, mas que você não enxerga?

Registre em seu caderno como essa cena fez você se sentir. O que essa dinâmica diz sobre suas expectativas, relações e o grau de importância da "pessoa 1" na sua vida. Por que você a vê como prioridade? Para o que essa pessoa está olhando?

Como acredita que a "pessoa 3" se sente ao se dedicar a você, mas permanecer invisível aos seus olhos?

Como é sentir que, nesse momento, há alguém que se dedica muito, mas não é visto?

Afeta você perceber que todos os sentimentos que direciona à "pessoa 1" são sentidos por alguém em relação a você?

Clarear o que você espera realmente da "pessoa 1" pode ser importante. Se você acredita que a resposta para suas expectativas seja baseada em "tudo o que já fiz por ela", lembre-se de que as pessoas têm valores e pontos de vista únicos, o que influencia suas formas de valorização. Além disso, existe a possibilidade de que essa pessoa não reconheça nem sinta a obrigação de retribuir, mesmo que isso seja difícil de aceitar racionalmente.

Antes de tudo, é fundamental entender se sua dedicação inicial foi motivada por razões nobres, sentimentos genuínos, ou se havia a expectativa de ganhar algo em troca e uma recompensa posterior. Qual dessas situações descreve melhor o motivo pelo qual você começou a se dedicar?

Talvez você não esteja esperando simplesmente uma compensação financeira da "pessoa 1". O que você deseja pode ser um pedido de desculpas, uma demonstração de amor, arrependimento ou gratidão. Mas é importante entender o que você esperava inicialmente e o que espera agora. É comum que esses sentimentos e expectativas mudem com o tempo, mas clarear isso é fundamental para esclarecer aspectos dessa relação que podem fazer toda a diferença. Registre em seu caderno o que você esperava no início e o que espera agora.

Como a compreensão de suas próprias expectativas pode ajudar a aliviar sensações como frustração e decepção? Primeiramente, identificamos de quem espera receber algo, e sabemos que se trata da "pessoa 1". Em seguida, clareamos o que você espera receber dela atualmente e o que esperava no início. Agora, reflita por que ainda espera isso, aprofundando um pouco mais. Sugiro que você registre essas respostas, agora resumidamente. Ter clareado isso será fundamental para darmos seguimento.

Talvez faça sentido que a maior decepção não é sobre a pessoa não dar o que você espera, mas, sim, consigo mesmo, quando ainda espera, muitas vezes paralisando sua vida por conta disso.

Nesse caso, a sensação de que "pessoa 1" lhe deve algo vai aumentando de acordo com o tempo dedicado, piorando se você ainda segue fazendo isso. Por mais que espere "apenas" uma retratação por algo que ela fez ou deixou de fazer, clarear isso vai fazer com que a decepção consigo mesmo seja menor, pois perceberá que sua expectativa é sobre o externo, aquilo que você não tem controle.

A virada de chave acontece quando você é capaz de reconhecer e gerenciar suas percepções internas, alterando a crença de que a "pessoa 1" e tantas outras devem agir em sua direção em algum momento.

A virada de página é quando você compreende e sente que, assim como você é livre para escolher quem é a pessoa que está à sua frente na fila, os outros também são.

Você já conversou com a "pessoa 1" sobre como se sente em relação à dinâmica entre vocês?

Se a conversa foi há muito tempo, sua resposta a essa pergunta então é "não", pois pode ser, do ponto de vista do outro, que ele ache que as coisas ficaram encerradas e resolvidas. Mas, se você está esperando por alguém com quem não tem mais contato, considere que, talvez, se você não estiver pronto para expor suas expectativas hoje, ela também pode não estar preparada.

Sobre a "pessoa 3", é alguém que pode ser um amigo, um parente, um colega de trabalho ou, em um nível mais profundo, pode até ser uma representação de Deus ou outra força que faça mais sentido para você. A realidade é que existe pelo menos um ser dedicado a você, tentando fazê-lo enxergar muitas coisas, especialmente o quanto é valioso. Mas você, por estar focando sua atenção apenas em uma direção, pode não ter percebido isso.

O que você acha que a "pessoa 3" deseja comunicar a você, e como ela tenta fazer isso?

Como você pode ser mais receptivo às mensagens e dedicação da "pessoa 3" em sua vida?

Todas as pessoas nessa fila são importantes. Temos também a "pessoa 2", que muitas vezes se coloca em segundo plano e se esquece de si mesma de tanto focar no externo. Como você pode recuperar esse foco e se reconectar consigo mesmo?

A chave para se reconectar está no reconhecimento de que você se negligenciou muitas vezes, deixando de ouvir a si mesmo. Qual mensagem a "pessoa 2" naquela fila tentou lhe passar, mas você não ouviu? O que você tenta dizer a si mesmo, mas parece não querer ouvir?

Como qualquer pessoa em uma fila, você tem a opção de simplesmente sair ou virar-se para o lado. Isso significa dar a si mesmo a devida atenção, valorizando a pessoa incrível que você é. Com essa nova abordagem, você estará no controle e o reconhecimento que mais importa acontecerá naturalmente.

Talvez não seja necessário estar em fila nenhuma de hoje em diante, e agora seja o momento de sair daquela ou de outras filas que já não lhe acrescentam nada.

Então, o que você fará agora, livre da antiga necessidade, para abraçar o lugar que verdadeiramente merece?

Sessão #43: O que Você Arquivou?

Você já parou para pensar em coisas que não terminaram como você esperava, ou talvez nem tenham chegado a iniciar?

Pode ser um curso, uma formação que você gostaria de fazer, ou uma direção na sua carreira que você tinha em mente, mas acabou indo para outro lado. Ou, em um cenário completamente diferente, talvez você tenha imaginado ter uma família grande, mas isso não aconteceu.

Arquivar algo que desejamos é comum, e às vezes uma decisão nobre e necessária, quando priorizamos algo mais importante no momento.

Você arquivou alguns sonhos ao longo dos anos, qual o principal deles?

O que aconteceu que o fez tomar essa decisão? Sua família, seu emprego, seu relacionamento ou alguma responsabilidade que você teve que assumir?

Você pode ter acreditado por muito tempo que deletou esse sonho, mas percebeu que apenas o arquivou. Do que você estava com medo quando decidiu "deletar" esse sonho? Registre todas as respostas em seu caderno e, caso tenha vindo em mente mais de um sonho arquivado, anote-os também. Coloque um asterisco, selecionando o mais antigo e o mais recente deles.

Agora que você identificou seus sonhos arquivados, pense em como eles afetaram sua vida ao longo dos anos e sobre cada escolha que fez para mantê-los assim. Como você se sente em relação a isso agora? Eles ainda têm importância em sua vida? Se sim, de que forma?

Hoje, o que você acredita que ganharia ao realizar esses sonhos que foram arquivados? E o que perderia?

Considerando não apenas você, mas também as pessoas ao seu redor, o que teriam a perder se você decidisse desarquivar um desses sonhos?

Qual valeria mais a pena?

Atendi uma cliente que afirmava estar satisfeita com sua vida profissional. Mas, ao fazê-la contar mais, percebi que estava confundindo satisfação profissional com sucesso financeiro. Ela trabalhava em dois hospitais de prestígio, havia se formado em Enfermagem há muitos anos e conquistado reconhecimento em ambos os locais de trabalho. Ela se declarava feliz, com um bom salário, tinha flexibilidade para folgas e se sentia bem-sucedida em sua carreira na área da saúde.

Conforme fomos conversando sobre sonhos arquivados, ela "deixou escapar" que, quando iniciou os estudos, sua intenção era cursar Medicina. Contudo, em razão da situação financeira de sua mãe, que a criava sozinha com muito esforço, não pôde concluir, alterando seu curso para Enfermagem. Foi importante destacar que não se trata de menosprezar a profissão de enfermeira, que é tão nobre quanto a de médica, porém, que seria necessário reavaliar esse capítulo de sua vida e analisar se o sonho de se tornar médica ainda existia. Será que ela ainda gostaria de ser médica? Lendo até aqui, o que você acha?

Reavaliar um capítulo não se resume a simplesmente decidir que nunca mais seguirá certo caminho, nem se trata de abrir ou fechar uma porta. É um processo que requer uma resolução interna genuína.

No caso dela, havia uma sensação de tristeza associada à escolha de trocar de curso na época, uma decisão que foi influenciada pela condição financeira. Mas ela também expressava orgulho por sua profissão atual e as conquistas ao longo dos anos, e foi essa complexidade que me fez ver a necessidade de uma investigação mais profunda.

Ao aprofundarmos, ela chegou à conclusão por si só de que sua decisão de se tornar enfermeira foi guiada por um imenso senso de responsabilidade que ela sentia quando era mais jovem. Naquela época, seu desejo era ajudar sua mãe durante momentos difíceis, e a escolha da Enfermagem proporcionou uma maneira mais rápida de fazer isso. Olhando para trás com grande orgulho em sua carreira como enfermeira, ela compreendeu que foi capaz de oferecer apoio à sua mãe quando mais precisava. Tudo isso ficou claro dentro dela.

E você, já teve um sonho que precisou deixar de lado por causa de situações externas? Certamente sim. Ainda é o mesmo que veio em sua mente, ou você se lembrou de outro?

Como você se sente em relação a esse sonho agora? Ainda é importante para você? Dê uma pausa na leitura, reflita e anote suas respostas.

Mas será que a minha cliente ainda tinha o desejo de ser médica? Embora o tempo tenha passado, ela reconheceu que se tornar médica era, sim, um sonho arquivado. Ela resistiu a desarquivar esse sonho porque temia que isso pudesse ser interpretado como uma maneira de responsabilizar sua mãe pelo fato de não ter concluído o curso naquela época, ou até mesmo de desonrá-la por não ter tido condições de realizar o sonho da filha. Ela queria honrar aquela mulher que tanto se esforçou para, dentro de seus limites e possibilidades, dar tudo o que sua filha queria.

Sua maior preocupação era passar a impressão de que na época não estava completamente satisfeita com suas escolhas, e que isso pudesse entristecer sua mãe ou, pior ainda, que isso a fizesse parecer ingrata. Sua principal objeção era "o que vou dizer para minha mãe se eu voltar a estudar Medicina?"

E você, já escondeu seus desejos ou sonhos de alguém importante em sua vida? O que o impediu de falar sobre eles?

Dando seguimento, conversamos sobre como agora ela tinha condições para desarquivar esse sonho. Ao fazer isso, não apenas honraria sua própria jornada, mas também poderia mostrar para sua mãe que ela criou uma filha que nunca desiste de seus sonhos e que, certamente, sua mãe seria a sua maior apoiadora.

Ela viu uma oportunidade que estava sendo deixada para trás, lembrando-se das vezes em que colegas médicos lhe perguntavam se ela gostaria de ser médica, e ela sempre respondia negativamente, mantendo isso oculto de si mesma. Já aconteceu de você sentir que estava satisfeito com algo, mas na verdade estava escondendo o desejo de realizar um sonho antigo?

No final da sessão, ela sentiu uma mistura de emoções, mas a principal foi a gratidão por sua vida até ali, compreendendo que honraria muito mais sua mãe ao realizar seu sonho do que ao negá-lo, como vinha fazendo. Ela percebeu que não havia apenas arquivado um sonho, mas também todo sucesso e superação, muitas vezes deixando de compartilhar sua história completa e de se orgulhar de suas realizações. E você, deixa de contar sua história completa? O que arquivou com aquele sonho antigo?

Você consegue agora responder qual é a diferença entre honrar sua própria vida e negar um sonho arquivado?

A história da cliente se parece com alguma experiência que você já teve ou com algum sonho que você arquivou? Reflita por alguns minutos sobre tudo isso e registre essas respostas em seu caderno.

Dos sonhos que você pensou ao longo desta sessão, quais ainda fazem parte de você? Ou será que esses sonhos fazem-no se sentir distante de quem você é hoje? Já parou para pensar nisso?

Por outro lado, como você lida com a possibilidade de que um desses sonhos seja a única força que o mantém "em pé"? Talvez esse sonho seja a força que o faz acordar todas as manhãs, apenas por acreditar que um dia poderia realizá-lo.

Se um pouco disso tudo fez sentido para você, talvez seja o momento de considerar a possibilidade de reavaliar esse capítulo de sua vida, mesmo que não seja o sonho mais antigo, mas outro mais recente que tenha passado por sua mente ao longo desta sessão.

Para ajudá-lo a definir, considere a sua situação atual: você está satisfeito com o que está fazendo ou está apenas adiando um sonho? Se sua resposta for ambos, significa que existe algo que precisa e pode ser feito.

O que você acredita que ganharia ao realizar esse sonho arquivado? E o que perderia?

Talvez você pense que não pode desarquivar isso agora, que isso causaria uma transformação muito grande em sua vida. Porém, e se você fizesse isso com calma, cuidado e os pés no chão?

Como isso afetaria sua vida e a das pessoas ao seu redor?

Baseado na história da cliente, quem você acredita que seriam seus maiores apoiadores caso decidisse realizar um sonho arquivado? Como você pode envolvê-los nesse processo, facilitando o seu?

Sobre seu sonho mais antigo, o que pensa agora sobre ele? E sobre o mais recente?

Agora que você refletiu sobre os sonhos arquivados e seu impacto, é hora de criar um plano de ação, pois certamente existe algum que considerou ainda importante para você. E se, mesmo após revisá-los, não encontrar nenhum que faça sentido nesse momento, é importante tomar uma decisão: reavaliar se esses sonhos serão realmente deletados ou se você os arquivará mais uma vez.

Se você optar agora em rearquivar ou deletar de vez, esta sessão encerra aqui, pois você realizou uma profunda reflexão e chegou a uma decisão com uma nova consciência, e isso é maravilhoso.

Mas se você ficou inspirado a reviver um sonho, é hora de criar um plano de ação. Comece por identificar o primeiro passo concreto que você pode dar para iniciar o processo. O "passo zero" será anotar bem grande agora em seu caderno, em uma nova página, o nome de seu objetivo. Sinta orgulho e gratidão ao escrever isso, por sua jornada até aqui e por si mesmo.

Em seguida, dê o "Passo 1". Este é o que você pode fazer ainda esta semana para dar o pontapé inicial no caminho em direção ao que quer. Pode ser uma pesquisa de informações, uma análise de oportunidades, que pode parecer um gesto pequeno, mas vai o aproximar muito do seu sonho, levando em consideração sua situação atual. Os passos seguintes, por estarmos na Sessão #43, tenho certeza de que você já sabe como fazer! Mas vale lembrar você de que na Sessão #12 você escreveu em seu caderno o passo a passo para traçar metas realistas, então minha sugestão é se basear nas anotações passadas.

Lembre-se sempre: cada passo, por menor que seja, o aproxima de forma realista do seu sonho. Evite tentar passos grandes, pois isso pode desmotivá-lo caso não sejam alcançados. Use essa nova consciência que ganhou até aqui a seu favor. E tenha em mente que certamente existem pessoas que se orgulharão de você só por ter iniciado!

Reflita sobre como você pode aproveitar seus próprios recursos e envolver apoiadores nesse processo. Eles podem fornecer orientação, motivação ou suporte prático. E se não houver ninguém, pense o que precisará fazer diariamente para não esquecer como isso é importante para você.

Mesmo que você conte com o apoio de outras pessoas, quero incentivá-lo agora a se tornar seu maior apoiador. O que acha dessa ideia?

Sessão #44: Quem Está Devendo para Você?

Consegue lembrar-se de alguns nomes de pessoas que estão devendo para você? O que elas exatamente estão lhe devendo?

E você, para quem está devendo? A quem você sente que deve? Talvez não consiga se lembrar agora ou pense em um financiamento bancário que tenha ativo, ou outro compromisso financeiro nesse sentido. Pode ser que tenham surgido também recordações de favores que você acredita dever a alguém.

Nem sempre estamos em dívida de uma quantia em dinheiro, assim como nem sempre alguém nos deve algo que possa ser compensado financeiramente.

Quando fazemos algo por alguém e essa pessoa deseja nos retribuir de alguma forma, nem sempre é possível. Isso pode ocorrer por diferentes razões, seja porque estipulamos um valor alto pelo que oferecemos ou porque preferimos que essa pessoa realmente fique nos devendo, considerando essa dívida mais valiosa do que receber um pagamento.

Por vezes, escolhemos que alguém nos deva, seja um favor ou um valor em dinheiro, e essa escolha não necessariamente é para tornar essa pessoa obrigada a estar ao nosso lado ou nos elogiar de alguma forma, mas, às vezes, optamos por essa dinâmica porque nos faz sentir melhor com nós mesmos. Responda sinceramente, você já se sentiu assim? Ou conhece alguém que não aceitou receber um pagamento seu por um desses motivos?

Parece mais fácil acreditar que quando alguém "quitar" o que nos deve, a dívida estará encerrada e estaremos "livres" daquilo que era uma pendência. Mas, inconscientemente, enxergamos muito além: que essa pessoa também será livre agora para seguir seu próprio caminho, o que nos desafia a sair de nossa zona de conforto, mesmo que estejamos acostumados com a reclamação de que a pessoa nos devia algo ou era ingrata.

Sendo assim, do que agora vamos reclamar? A pessoa pagou o que devia e será livre, acabou. O que deveria ser bom e justo, parece ruim e injusto ao nosso inconsciente. Racionalmente estamos felizes por aquilo ter encerrado, mas a felicidade parece não estar completa. Há uma espécie de vazio na alma, por ter sido ajustada toda uma vida pela cobrança, e agora o cobrador se sente incompleto.

O verdadeiro desafio está em libertar alguém a quem prestamos muita ajuda, seja em forma de favores, seja por meio de bens materiais, e encarar a insegurança de não saber se essa pessoa estará ao nosso lado no dia seguinte. Já sentiu essa sensação? Quando?

E hoje, você passa por uma situação assim? Tem alguém que você não quer que pague o que lhe deve? Talvez você seja o "devedor", e a outra pessoa esteja relutando em receber. Qual dessas situações faz mais sentido para você? Ou as duas fazem?

É interessante observar como ambas as perspectivas podem fazer sentido, mesmo que você não se reconheça cobrando ou devendo.

Você pode estar em uma situação em que a gratidão que sente por alguém que já fez muito por você se torna um fardo. Mesmo que você queira retribuir de alguma forma, essa pessoa insiste que não é necessário, alegando que você não deve nada, mas sempre que possível, relembra o que fez por você, para garantir que você não tenha uma sensação de liberdade. Isso é muito sério e gera uma sensação de prisão emocional muito forte a quem deve, mesmo que o "cobrador" não faça intencionalmente.

Da mesma forma funciona para o "cobrador", pois nem sempre quem está cobrando é o vilão da história. Muitas vezes, essa pessoa se dedicou tanto por outra, que acredita que a outra realmente deva alguma coisa para ela, e que no momento que não dever mais, vai embora. E de fato, é provável que vá.

Geralmente, as pessoas que fazem cobranças tendem a avaliar o tempo e o esforço dedicados, em vez do valor monetário propriamente dito. Isso se aplica tanto a questões financeiras quanto a favores.

O tempo que uma pessoa leva para ganhar certa quantia pode ser diferente do tempo que você leva. Da mesma forma, a dedicação empregada em um favor é a base para o cálculo feito pelo "cobrador". Infelizmente, essas regras não são claras no momento da troca e o "devedor" nem sempre sabe pelo que será cobrado exatamente.

Para alguns, o tempo e o esforço dedicados importam mais que o valor monetário. Para outros, a troca financeira é a principal medida de reconhecimento. Como você espera pagar? E como você costuma cobrar?

Ninguém gosta de dever, nem de viver cobrando. Seja qual for seu caso principal, identifique. É interessante reconhecer que você pode se identificar com os dois lados. Você pode cobrar de uma pessoa e dever para outra, e é o que geralmente acontece. Julgar o outro ou se encher de julgamentos não é a solução.

Tendemos a avaliar e expressar gratidão de maneiras diferentes. Você já percebeu que às vezes quitar a dívida não vai resolver. A solução vem a partir do momento em que você compreende o seguinte: o que você deve e o que você cobra? E é isso que vou ajudá-lo a clarear agora!

Com sua nova consciência sobre o assunto, responda sinceramente:

Você já se viu em uma situação em que realizou um favor para alguém e sentiu que essa pessoa lhe deveria algo em troca? Pode ser no seu trabalho, no seu relacionamento ou com um membro de sua família.

Já experimentou a sensação contrária, de "dever" algo a alguém que lhe fez um favor? Será que aquilo foi realmente um ato de bondade da pessoa?

Existem pessoas que já lhe fizeram muitos favores, certamente. Como isso afeta seu senso de liberdade e independência? Você se sente grato ou devendo para elas?

Em sua opinião, o valor de um favor está mais relacionado ao tempo e esforço dedicados ou ao valor monetário? Será que todos terão a mesma opinião que você?

Escolha cinco pessoas que já lhe fizeram favores não financeiros. Se você pudesse pagá-las, financeiramente, quanto deveria? Anote o valor correspondente a cada uma.

Elas receberiam essa quantia?

Você gostaria de pagá-las monetariamente ou acha que fizeram como um ato de bondade?

Para as pessoas que você acredita terem feito como ato de bondade, reflita como você pode agradecê-las, não financeiramente, mas com algo similar ao feito para você. Esse gesto fará você se sentir com a dívida quitada e grato, ao mesmo tempo.

Você acredita que alguém que doe um dinheiro a um lugar ou causa, mesmo que não receba uma compensação financeira diretamente desse lugar, pode ainda receber de outras maneiras, como talvez gratidão e atenção? E que haverá uma forma de o Universo compensar essa pessoa também financeiramente, mas por meio de oportunidades ou trabalhos. Isso faz sentido para você?

Aos que você ainda cobra, reflita o que você está esperando receber e, depois, se vale a pena mesmo receber isso. Considere se, atualmente, não se encontra em uma posição melhor ou mais elevada do que quando prestou ajuda ao "devedor".

Essa dinâmica de "devedor" e "credor" pode, às vezes, nos prender em um ciclo de expectativas e obrigações não ditas. A verdadeira libertação pode vir quando deixamos de esperar algo em troca. E ao recebermos, questionarmos quanto nos custará e a taxa de juros que será aplicada, analisando se vale mesmo a pena aquele "favor".

E se você agora desconsiderasse todas as dívidas, incluindo créditos e débitos? Teria mais a perder ou ganhar?

Talvez, nesse ato de desapego e generosidade, encontre uma sensação de liberdade que nunca imaginou sentir e isso seja a oportunidade de iniciar uma nova página em sua vida.

Convido você a experimentar hoje a verdadeira felicidade que será encontrada ao não estar preso às contas, financeiras ou não, mas ao compartilhar livremente o que você tem a oferecer.

Sessão #45: Como Estará Sua Vida em 5 Anos?

Daqui a cinco anos, como você imagina sua vida? Considerando o fato de sua idade ser cinco a mais do que hoje, pense na sua situação atual e o que precisa ser mudado em sua vida nesse período.

Como estará sua vida em termos profissional, financeiro e amoroso? Tire um tempo para refletir sobre essas três áreas e registre suas respostas.

Profissionalmente, acredita que já atingiu seu ponto mais alto ou acha que poderia progredir em cinco anos?

Você está em uma situação financeira confortável no momento? Gostaria de melhorar ou permanecer igual daqui a cinco anos?

O que você valoriza mais em um relacionamento amoroso? Está 100% satisfeito com sua situação atual? Gostaria de manter ou mudar em cinco anos?

Agora escreva sobre sua saúde, seu corpo e seu nível de felicidade. Como acredita que estarão em cinco anos?

Como você descreveria seu atual nível de saúde física? Quer manter ou precisa mudar algo?

Você se sente satisfeito com seus níveis de energia e disposição? E com seus hábitos alimentares?

Em uma escala de 0 a 10, quanto orgulho você sente em relação ao seu corpo atual? Você gostaria de mudar algo? O quê?

Acredita que exista uma conexão entre saúde física e felicidade?

Em cinco anos, quais práticas você terá acrescentado em sua vida para aumentar seu nível de felicidade?

Ao longo de cinco anos muita coisa pode mudar. Talvez você tenha um filho com 4 anos de idade ou esteja morando fora do país, por exemplo. Pode ser que você esteja num relacionamento com uma pessoa que ainda nem conhece ou receba uma proposta de trabalho de uma empresa que hoje nem imagina que exista, bem como seja promovido no emprego atual e se sinta realizado profissionalmente. Quem sabe até tenha seu próprio negócio já estabelecido no mercado? Consegue se imaginar com algumas dessas mudanças em sua vida?

O que impede qualquer uma dessas possibilidades acontecerem? O seu "não".

Existem várias razões para dizer "não", mas o medo é a principal delas, seja o medo do caminho até a conquista ou o medo do sucesso e do objetivo em si.

O medo da chuva faz você não se molhar. Vamos chamar essa frase de "frase 1". O medo de se molhar o faz deixar de tomar um banho de chuva. Essa será a "frase 2". Consegue ver diferença entre elas?

Se considerarmos na "frase 1" que a chuva é nosso objetivo, mas temos medo dele, então não inicio um projeto (para conquistar o banho de chuva), deixando de experenciar o processo (me molhar).

Na "frase 2", o medo está relacionado ao objetivo de "se molhar", ou seja, ao contrário da primeira, esse sentimento não me permite viver o processo, que é o "banho de chuva".

Quando você adia a inscrição para uma vaga ou cargo por medo de falar em público ou de manifestar suas ideias, por exemplo, isso representa um medo sobre o processo envolvido, as experiências e o que você precisará fazer durante o caminho.

Pode ser que você já tenha deixado de iniciar algum projeto por preocupações sobre quem se tornaria ao finalizá-lo. Isso também pode se manifestar em oportunidades de aprendizado, como evitar um curso que o levaria a novas habilidades, simplesmente porque sabia que após aquilo, você não seria mais a mesma pessoa de antes. Isso é o medo do objetivo, ou seja, o medo de quem você se tornará.

As duas frases, embora inicialmente possam confundir um pouco, vão ajudar a clarear entre o medo do objetivo e o medo do processo. Você consegue saber, neste momento, qual seu principal medo?

Quando começamos a sessão, pedi que descrevesse como espera que algumas áreas de sua vida estejam daqui a cinco anos. É possível que você tenha escrito sobre expectativas de crescimento em relação à sua situação atual, ou que tenha optado por mantê-las como estão atualmente.

Às vezes, nossos objetivos e sonhos podem nos parecer grandiosos, dando a sensação de inatingíveis, ou pequenos demais, aparentando não valerem a pena. Mas, independentemente de qual seja o seu caso, deixar o medo do objetivo em si impedi-lo de fazer algo é uma forma de autossabotagem. Assim como deixar que o medo do que encontrará no caminho o impeça, também é.

Para quais situações ou oportunidades você tem dito "não", simplesmente porque reconhece que sua vida se transformaria ao dizer "sim"?

Como você se sentirá daqui cinco anos se nada na sua vida tiver mudado?

O receio de tentar algo novo pode resultar na perda de oportunidades. Se o medo do fracasso o impede de explorar novas possibilidades, você também pode acabar perdendo a oportunidade de conquistar coisas que dariam certo. Como na "frase 1" e "frase 2", sua escolha deve ser consciente.

O que você está evitando tentar por medo do fracasso?

Convido você a refazer agora a Sessão #39, embora seja uma sessão recente, garanto que vai ajudá-lo com uma perspectiva bem diferente hoje!

Ao final, registre suas novas percepções e os progressos que notar, e então compare com o que havia registrado anteriormente. Essa experiência será uma oportunidade para você observar sua evolução em um curto período.

Sessão #46: Qual o Seu Local Preferido?

Seu local preferido pode ser sua casa, seu ambiente de trabalho ou a residência onde passou sua infância. Pode até ser um parque ou uma cidade que visitou e se encantou. Qualquer resposta que você der é válida, afinal é seu lugar favorito, pessoal e intransferível. Então, qual o seu local predileto? O que o torna especial para você? Quais são as memórias associadas a ele? Anote em seu caderno.

Agora, imagine um lugar que sonha em conhecer, seja dentro da sua cidade, seja em outro país. Há algum plano em andamento para você visitá-lo? Registre em seu caderno uma data em que seja viável realizar esse sonho e, em seguida, resuma as etapas necessárias para alcançar esse objetivo. Inicie com o nome do local, o orçamento necessário considerando passagens, hospedagem, alimentação e atividades que você gostaria de fazer, finalizando em como você poderá economizar para atingir o valor total. Separe alguns minutos para fazer isso, adaptando de acordo com sua situação pessoal, e só depois prossiga.

Consegue perceber que o local em si não é o mais importante, mas, sim, como você se sente ou imagina se sentir nele?

Seguiremos no mesmo contexto, mas agora abordando um local mais abstrato, e até mais significativo que um lugar físico, pois já existe a ideia deste local dentro de você. Trata-se de uma conquista pessoal que, quando realizada, o levará ao seu "local preferido".

Usei essa metáfora para tornar essa conquista tangível, pois seu "local preferido" está ligado ao lugar aonde você quer chegar, como uma meta de perda de peso, alcançar um novo patamar profissional, avançar em seu relacionamento ou qualquer transformação pessoal que almeje. Ainda, pode ser o dia de sua formatura ou de receber um prêmio que espera, o local de nascimento de seu filho ou sua primeira casa própria, por exemplo.

Independentemente do que esse "local preferido" represente para você, é um lembrete de que suas metas pessoais podem ser tão reais e tangíveis quanto qualquer destino físico. É preciso clarear esse ponto, para que você não subestime a importância disso, atribuindo o devido valor, da mesma forma que faria com uma viagem de férias. Consegue identificar alguns "lugares" aonde você quer chegar?

Mantendo seu objetivo de alcançar seu "local preferido" bem definido, encorajo você a visualizar e depois escrever em seu caderno, em letras maiores do que o usual, aquilo que realmente deseja. Darei mais alguns exemplos para ajudá-lo: se seu desejo for um casamento, não precisa especificar o local (cidade, igreja, etc.), e sim visualizar você no dia do seu casamento. Se a meta for reduzir dez quilos, escreva seu nome com o peso total já considerando a redução desejada. Explique também como imagina ser a alegria quando alcançar essa conquista.

Esse exercício simples de visualização e escrita é mais importante do que pode parecer. Essas palavras serão lembretes constantes de seu objetivo, e, assim como planejou antes a viagem de seus sonhos, você pode planejar e visualizar seu trajeto em direção a esse "lugar preferido" pessoal. Você já aprendeu como fazer isso antes, então agora separe mais alguns minutos para fazer esse planejamento, adaptando ao seu estilo pessoal.

Gosto sempre de enfatizar a importância da autoconsciência, e agora gostaria de fazer algumas perguntas breves relacionadas ao seu objetivo anterior e ao local que deseja conhecer. Por favor, responda a essas perguntas considerando ambos, ou seja, para cada pergunta, você deverá ter duas respostas: o objetivo e o local:

Quando iniciou esse seu desejo?

Alguém que você conhece já passou por uma experiência semelhante? Ou existe alguém que gostaria de ter feito isso e nunca pôde?

Por que isso é tão importante para você?

O que mudará em sua vida após essa conquista?

Nossas escolhas são frequentemente moldadas por influências externas, o que é um processo natural, mesmo que não estejamos conscientes disso. Isso não significa necessariamente que seu desejo seja pequeno, mas, sim, que pode ter sido influenciado de alguma forma. Reconhecer essas influências é uma maneira de ganhar clareza sobre sua motivação e garantir que suas metas sejam verdadeiramente suas. Não se trata de certo ou errado, é uma questão de autoclareza.

Atendi muitas pessoas que relataram ter um sonho desde a infância e, por mais que esse desejo parecesse algo simples, ainda assim, sofriam por não conseguir realizar. Geralmente, após alguns atendimentos, descobrimos que aqueles sonhos não eram exatamente delas, mas, sim, de seus pais ou até mesmo mais antigos.

Vou resumir o que aconteceu com um cliente meu, que havia alcançado grande sucesso profissional como médico, sendo muito reconhecido em sua especialidade, mas na área amorosa se sentia fracassado. Ele tinha o sonho de realizar um casamento na igreja. A origem desse desejo o acompanhava desde sua infância, quando seu avô, gravemente doente na época, o fez prometer algo. Como seus pais não frequentavam qualquer instituição religiosa, seu avô desejava que ele, como neto, frequentasse a igreja e, um dia, se casasse em um ambiente religioso, com uma moça religiosa. Esse compromisso, feito quando ele era apenas uma criança, deixou uma marca profunda.

Aos 52 anos, depois de três casamentos malsucedidos (nos quais se sentia incompleto, sem saber o porquê), ele carregava essa dor, que, na verdade, identificamos como culpa por nunca haver cumprido a promessa. Embora racionalmente ele compreendesse que frequentar uma igreja seria basicamente o "passo 1", pois aumentaria suas chances de conhecer alguém com interesses religiosos semelhantes, para então realizar seu sonho, ele não se identificava completamente com essa ideia. E isso o fazia não fazer o "passo 1".

Compreendemos que esse sonho, que o atormentava por nunca ter sido realizado, na verdade, não refletia sua verdadeira vontade.

Você consegue perceber que esse desejo estava presente apenas por uma influência?

Se o avô não conseguiu fazer sua filha (mãe de meu cliente) realizar, então transferiu a responsabilidade para seu neto (meu cliente). Descobrimos que seu avô não havia se casado na igreja, na época, porque sua esposa (avó de meu cliente) era viúva e, embora jovem, na época, a igreja não permitiu. Enfim, de quem era o sonho de se casar na igreja?

Foi um passo importante para ele reconhecer essa influência, respeitar e começar a buscar a verdadeira fonte de sua motivação, que era um relacionamento saudável, sem a necessidade de um casamento religioso. Ao ler esse relato, pode parecer pouca coisa para você, mas a vida dele mudou muito depois de clarear isso. Não seria errado se casar na igreja, conscientemente, apenas para agradar ou homenagear seu avô. Porém, isso não fez sentido nenhum para ele.

Você já se percebeu infeliz por não ter realizado um sonho que não era realmente seu, assim como aconteceu com meu cliente? Já havia pensado nisso antes?

Como você pode garantir que seus objetivos sejam verdadeiramente seus e não apenas expectativas externas?

Você consegue identificar alguma situação semelhante em sua própria vida, mesmo que em uma área diferente? Qual seu "local preferido" agora?

Relembrando, no caso do meu cliente, o "lugar preferido" era seu casamento na igreja, pois simbolizaria a realização do sonho de seu avô, mesmo que ele não se lembrasse disso em sua rotina. Quando meu cliente reconheceu que isso não era exatamente algo que queria, pois desejava encontrar um relacionamento com alguém que compartilhasse dos mesmos objetivos, ele se sentiu mal inicialmente, pois percebeu que haviam passado pela vida dele pessoas muito importantes. Essa mudança de consciência, embora não tenha sido fácil, permitiu que ele redirecionasse seus esforços para alcançar o que realmente desejava, de forma consciente. Ele até brincou que, se fosse para se sentir infeliz, seria um infeliz consciente e não mais por não saber ao certo o que o deixava infeliz, já que não fazia sentido sua infelicidade de antes.

Qual é o "local preferido" que você deseja alcançar em sua vida pessoal? E profissional? E em outras áreas?

É importante clarear onde você deseja ir, direcionando sua vida e os motivos por trás dessas escolhas. Assim como podemos acreditar que desejamos algo que, na verdade, não queremos, também podemos ter sonhos autênticos.

Se você não tem clareza sobre seus objetivos, pode acabar aceitando qualquer direção que a vida tome e depois lamentará pelo tempo que passou. Lembre-se de que ter um objetivo definido é o primeiro passo para alcançar o que deseja, e isso fizemos hoje.

Então, nos encontramos na próxima sessão, na qual vamos aprofundar as últimas sessões!

Sessão #47: Do que Você Tem Vergonha?

De quem ou de que você sente vergonha?

Quantas pessoas passam pela sua vida e você se esconde?

Pense naquela pessoa do seu passado com quem você teve um relacionamento, seja afetivo ou profissional, e as coisas não terminaram exatamente como você gostaria. Registre o nome dessa pessoa no seu caderno.

Agora, imagine-se desarrumado, despenteado, com aquela roupa que detesta, mas que vestiu só porque estava indo rapidinho ao mercado ou padaria próxima à sua casa, e então você avista aquela pessoa a poucos metros de distância. Consegue perceber o que está passando pela sua mente quando deseja que aquela pessoa não o veja ou considera se esconder?

Acredito que você gostaria de encontrar essa pessoa em um dia que estivesse bem-vestido, talvez para mostrar que está bem e feliz, não é mesmo? Isso também se aplica àquela pessoa que talvez tenha sido seu rival, como um ex-chefe que lhe causou muitos problemas, um ex-colega que sempre menosprezou sua importância ou até possa ter praticado *bullying* com você no passado. É aquele momento que você pensa que poderia ter caprichado mais na maquiagem, arrumado o cabelo ou colocado uma roupa melhor, não é?

Quais são as situações específicas em que você sentiu a necessidade de impressionar alguém do seu passado? Descreva essas situações e como você reagiu.

É possível, e até provável, que você já tenha passado por alguma situação semelhante em sua vida. E, talvez, da vez seguinte em que esteve naquele mesmo lugar, arrumou-se melhor, pensando que nunca mais sairia "de qualquer jeito" de casa e, caso encontrasse aquela pessoa novamente, estaria preparado para o encontro. Então, os dias passaram, e você não reencontrou essa pessoa. Ou encontrou?

Talvez uma daquelas pessoas de seu passado tenha começado a trabalhar em um local que você frequenta, e assim os encontros se tornaram mais corriqueiros, sempre acompanhados de seu esforço para causar uma boa impressão.

Não há sensação melhor do que nos sentirmos melhores em nossa própria pele diante de alguém que no passado nos causou sofrimento. Você já passou por algo assim? Conseguiu causar a impressão desejada?

Para fazer isso, seguiu sendo você mesmo ou precisou fugir muito da sua realidade? Talvez tenha comprado alguma roupa específica, pensando em impressionar a pessoa ou tenha até exagerado ao contar de sua vida, por exemplo, aumentando seu cargo atual ou dizendo qualquer coisa que você acredita ser mais grandioso que a realidade. Não se trata de certo ou errado, lembre-se: ninguém terá acesso às suas anotações. Escreva em seu caderno como foi para você essa situação e seus motivos.

Espero sinceramente que você tenha registrado a situação acima, mas é compreensível que, hoje em dia, você possa considerar aquilo desnecessário e até vergonhoso. Pode ser que sua mente consciente nem recorde detalhes de uma situação assim, como uma forma de autopreservação, ignorando que você já tenha sido ou ainda seja alguém que tenha feito ou faça algo assim. No entanto, esse tipo de comportamento é algo comum a todos nós, pelo menos em algum momento da vida. Não há motivo para se envergonhar.

Aqui vai mais uma oportunidade para você relembrar uma situação em que talvez tenha fugido de ser você mesmo, modificando a realidade atual, e tenha buscado invadir seu passado para impressionar alguém que não está mais em sua vida. Se você descreveu antes uma situação, perfeito! Porém, se não o fez, busque agora essa situação e descreva. Precisamos dessa situação para dar continuidade. Se surgiu outra em sua lembrança, pode descrever também.

Você causou uma impressão diferente na pessoa envolvida?

O que você acredita que a pessoa pensou sobre você?

Por que você acredita que essa pessoa pensou isso?

Você acha, sinceramente, que as opiniões e julgamentos de outras pessoas pesam mais que sua própria autoavaliação?

Embora possa parecer, talvez seu foco não fosse apenas impressionar a pessoa. Será que seu principal objetivo não era resgatar sua própria autoestima daquela época, dando um real valor a si mesmo? Isso faz sentido para você?

Muitas vezes permitimos que os outros nos atribuam um valor sem conseguirmos internamente argumentar que nosso valor é superior ao que nos é atribuído. Quando não temos argumentos internos sólidos viramos "presas fáceis" para quem parece estar querendo apenas inflar o próprio ego.

Sabemos que o mundo está repleto de gente com esse comportamento, mas você já considerou a possibilidade de ter sido a pessoa a ser impressionada na dinâmica pessoal de alguém? Isso mesmo, alguém já tentou chamar sua atenção em algum momento, fazendo parecer que estava em uma situação melhor do que realmente estava. Como você se sente ao saber disso? Consegue compartilhar em seu caderno uma situação que percebeu alguém do seu passado querendo impressioná-lo?

Não é incrível como podemos não dedicar cinco minutos extras para nos arrumar antes de sair de casa, mas podemos dedicar um dia inteiro para fazer compras apenas para impressionar alguém que não nos interessa, nem faz mais parte de nossa vida?

Muitas vezes, preferimos resolver problemas depois que já aconteceram, em vez de fazer o que sabemos ser o certo desde o início, para evitá-los.

Por que é mais fácil tomar remédio quando ficamos gripados a fazer coisas para evitar adoecer? Certamente, é porque a prevenção dá mais trabalho, exigindo que façamos ajustes em nossos hábitos e estejamos atentos à antecipação de possíveis problemas e possibilidades.

No exemplo que iniciei, sobre colocar qualquer roupa para ir rapidinho ao mercado, se pensasse na possibilidade de encontrar aquela pessoa, certamente você escolheria uma roupa diferente. Da mesma forma, se você soubesse que por tal motivo ficaria doente, evitaria aquilo.

É claro que não dá para prever quando vamos encontrar uma pessoa que não vemos há dez anos, assim como uma chuva repentina no final de um dia de calor e sol, por exemplo, quando a previsão dizia o oposto. Porém, o que faz você se envergonhar de estar doente ou ser quem você é hoje? A resposta é a mesma: suas escolhas.

Você sabe que, embora não controle as pessoas ao seu redor e as circunstâncias, a escolha de seu comportamento ainda é sua. O fato de você querer fugir de alguém de seu passado que, inesperadamente, cruzou seu caminho em um dia em que você saiu com a pior roupa e cara de sono é porque isso estava sob sua responsabilidade.

Você não controla o que o outro vai pensar sobre esse reencontro, mas, sim, seus próprios pensamentos e julgamentos. Tal qual a escolha em vestir aquela roupa foi sua responsabilidade, também é seu o julgamento em achar que sabe o que o outro vai pensar.

Às vezes, essa pessoa está tão desmotivada com a vida dela, que nem prestaria atenção às suas roupas, de tão ocupada e preocupada que estaria consigo mesma. Afinal, se essa pessoa humilhou você de alguma forma, é maior a dedicação mental dela em manter sua reputação "perfeita", do que buscar defeitos em você. Geralmente, quem tem um comportamento de julgar e apontar defeitos nos outros costuma ser um crítico severo de si mesmo.

Talvez você ainda se preocupe com o que essa pessoa pensa a seu respeito, porque tem medo de que aquilo seja a realidade. Pode ser desconfortável ler isso, pensar que, o tempo todo, não foi o outro quem o criticou, mas você, a cada vez que escolhia, internamente, não crescer e se manter com aquela sensação de sentir vergonha de si mesmo.

Isso pode continuar acontecendo, quando você decide não fazer aquela "faxina" em roupas e coisas antigas que não fazem mais sentido manter ou usar. O que faz você ainda guardar ou usar aquelas roupas, por exemplo?

Costumamos manter objetos e roupas, assim como guardamos memórias, de épocas que nos fizeram mal, com o intuito de não esquecermos o que passamos e honrarmos aquele nosso eu do passado.

O que o seu eu do passado pensaria hoje sobre você nas situações seguintes:

Mesmo com acesso e condições de comprar e usar roupas que reflitam quem você deseja ser, opta em manter pensamentos e roupas antigas.

Embora saiba hoje como se impor e argumentar, em situações atuais você escolhe se calar e revive as mesmas sensações do passado.

O que você acha de escolher um dia, dentro dos próximos sete dias, para fazer uma "faxina" em roupas e outros objetos que fazem mais sentido para seu eu atual?

Como você descreveria a pessoa que deseja se tornar no futuro?

Quais ações o levariam a se tornar essa pessoa? Como essa pessoa se vestiria?

Essa faxina é importante, mas existem outras formas de honrar seu "eu do passado", podendo também orgulhar seu "eu do futuro", como melhorar sua autoestima, cuidar melhor de si e se expressar com mais autenticidade, ficando a seu lado quando ninguém mais parece estar.

Se seu eu do passado, conhecendo todas as suas habilidades atuais, estivesse assistindo à sua vida e suas escolhas em uma tela de televisão, o que ele lhe diria? Feche os olhos por um momento e imagine-se anos atrás. Ouça os conselhos que seu eu do passado lhe daria agora e, depois, resuma essa conversa em seu caderno. Não tenha pressa em concluir, permita-se viver essa experiência.

Quais são os obstáculos ou padrões de pensamento que o impedem de agir para impressionar a si mesmo?

Agora registre o que você pode fazer, iniciando ainda hoje, para orgulhar-se. Se você pudesse prometer algo para seu eu do passado, como forma de honrá-lo hoje, o que seria?

Que pequenas mudanças ou hábitos diários você pode começar para melhorar sua autoestima e autoimagem?

O que você deixaria de fazer? E o que você deve fazer?

Talvez um bom começo seja não sentir mais vergonha de si.

Do que você se orgulha que já conquistou?

Como você pode aprender a se valorizar, independentemente das expectativas externas ou das opiniões de outras pessoas?

Essa sessão teve o intuito de clarear que quem você realmente queria impressionar nunca foi outra pessoa, mas, sim, a si mesmo.

Você estava apenas tentando honrar seu eu do passado, mostrando para si uma melhoria em sua vida.

Embora parecesse querer dizer para o outro "veja como estou melhor agora", na verdade, o tempo todo era para si mesmo. O caminho de autovalorização muitas vezes nos leva a buscar reconhecimento externo, mas, no fim das contas, é a impressão que deixamos em nós mesmos que realmente importa.

Agora você deve se perguntar: como posso impressionar a pessoa que sou capaz de ser?

Compreenda que é a pessoa que você está se tornando hoje, após essa nova consciência, que fará a diferença para seu eu do futuro.

O que você pode fazer hoje que vai impressionar a si mesmo amanhã?

Do que você se compromete a não sentir mais vergonha?

Sessão #48: Quantos Sapatos Você Tem?

Existe o sapato que você calça diariamente para sair de sua casa, e também aquele que você calça logo após se levantar da cama. Nesta sessão, vamos substituir a palavra "sapato" por várias outras, como coragem, atitude, impulso ou vontade. Talvez seja possível escolher o termo que melhor se adapta a você, respondendo às seguintes perguntas e anotando em seu caderno uma resposta curta para cada uma delas:

O que o motiva a acordar todas as manhãs?

O que ou quem o inspira a sair da cama e enfrentar o mundo lá fora?

O que o impulsiona a realizar as tarefas do seu dia?

Pode ser que a partir de agora, você atribua a essas motivações o nome de alguém importante em sua vida, como seu filho, seu cônjuge, Deus, ou até mesmo uma missão de vida forte e bem definida que você tenha. E assim, essas motivações se tornarão seus sapatos que o acompanharão a cada passo do seu dia.

Se você já conseguiu nomear alguns dos seus "sapatos", acredito que pode perceber que a mesma pessoa que motiva você a realizar muitas coisas em sua vida também pode ser a razão pela qual deixa de fazer certas atividades.

Talvez você considere que essa pessoa seja sua "inspiração diária" ou uma "obrigação diária". Qual é o seu caso?

Se ela for sua inspiração diária, quando você "calçar esse sapato" de agora em diante, vai saber que está caminhando por um motivo, que está indo de um local para outro por uma razão específica, que poderá, sim, fazer as coisas com mais propósito e animação, pela sua inspiração diária.

Pode ser que você enxergue alguém como "obrigação diária" e, nesse caso, não se sinta tão motivado quanto quando a vê como sua inspiração diária. A ideia de uma obrigação diária pode parecer mais pesada e menos motivadora, certo? O que você considera fazer, em sua rotina, apenas por essas pessoas? Talvez mantenha um trabalho que considera chato ou uma amizade, apenas por sentir certa obrigação com alguém. O que faz essa pessoa ser vista como uma obrigação, em vez de uma fonte de inspiração? Como você pode mudar sua perspectiva para enxergar essa pessoa como uma fonte de inspiração diária, em vez de uma carga? Reflita sobre isso por alguns minutos.

Escreva em seu caderno agora quem é sua "inspiração diária" e "obrigação diária". Podem ter surgido vários outros nomes em sua mente, então escreva todos eles antes de dar seguimento.

Um dos objetivos desta sessão é que você se sinta verdadeiramente inspirado por todas essas pessoas que mencionou, vendo-as como possível motivação.

Existem várias frases prontas que sugerem termos mais força de vontade para fazer as coisas, mas quando não há uma razão interna que nos faça sentido, é quase impossível colocar isso em prática. Quantas vezes você sentiu relutância em ir ao trabalho, por exemplo, por não encontrar uma razão interna? Isso acontecia porque, por mais que você soubesse o motivo de precisar fazer algo, ainda assim, esse também era o motivo não querer ir. Parece incongruente, mas é assim que nossa mente pensa e é isso o que nos confunde.

Algumas vezes, o motivo que o inspira está bem próximo ao que você considera uma obrigação chata. Vou compartilhar com você uma situação de um cliente meu de 48 anos. Ele havia realizado recentemente o sonho de se tornar pai, e seu filho, que estava com quase 6 meses de idade, havia ficado doentinho. Nada grave, porém ele estava com uma semana atarefada e muito trabalho para concluir. Seu sonho era se tornar pai, e desde que sua esposa engravidou, ele disse que desejava proporcionar uma vida financeira melhor do que aquela que ele próprio teve, com muitas dificuldades, falta de oportunidades e sem acesso.

Ele queria fazer uma aplicação financeira de alto valor para o filho, mas para isso, precisaria trabalhar mais durante aproximadamente um ano para juntar a quantia que imaginava. Portanto, ele não poderia pensar em dar uma pausa na carreira para aproveitar o tempo com seu filho. Embora quisesse tempo livre para estar com o filho e fosse muito feliz em poder proporcionar-lhe coisas que não teve acesso, também desejava uma pausa na carreira para aproveitar ao lado dele.

Naquela sessão, estava muito triste por não se achar um bom pai, pois acreditava estar abandonando o bebê no começo de sua vida. Não percebia que o motivo de seguir trabalhando era justamente proporcionar experiências diferentes para seu filho no futuro. Ou seja, o motivo de trabalhar e seguir se dedicando era o mesmo que o fazia querer abandonar tudo. Consegue identificar alguma situação semelhante em sua vida, em que o mesmo motivo seja tanto um estímulo para prosseguir quanto uma razão para desistir?

Ao mesmo tempo que seu filho era sua "inspiração diária", também era sua "obrigação diária". Vendo por esse lado, ele se sentiu um pouco desconfortável, preferindo ver seu filho apenas como seu "sapato". E você, já experimentou sentimentos contraditórios em relação ao seu "sapato"?

O que o motiva também pode, às vezes, parecer uma obrigação. Como você lida com esses sentimentos mistos e encontra equilíbrio entre a inspiração e a sensação de obrigação? Anote suas reflexões no caderno.

Existem atividades ou responsabilidades em sua vida que você considera "obrigações" e que, com uma mudança de perspectiva, poderiam se tornar fontes de inspiração? Quais são essas atividades e como você poderia redefinir sua visão sobre elas?

Será que você consegue reescrever agora, com uma nova consciência, quem são suas "obrigações diárias", "inspirações diárias" e seus "sapatos"? Talvez sinta que possui mais sapatos do que acreditava!

Certamente, você já passou por momentos em que se sentiu desmotivado em realizar tarefas importantes. Como você acha que identificar e nomear seus sapatos pode ajudar a superar esses momentos? E se, a partir de agora, você calçar seu motivo de forma consciente, será que isso lhe proporcionará melhor qualidade de vida?

Quantas vezes, em função da falta de clareza, você realizou uma tarefa apenas por obrigação, sem dar seu melhor? Que, a partir de agora, cada passo dado seja calçado com o motivo consciente que o inspire a prosseguir com dedicação, transformando cada tarefa em uma oportunidade de dar seu melhor, para alguém ou para si mesmo.

Sobre o dia de amanhã, qual o motivo consciente que o fará caminhar? O que você calçará?

E que tal você nomear um dos seus sapatos com o seu nome?

Sessão #49: O que Você Não Deixaria para Trás?

Se você dispusesse de apenas um minuto para preparar sua mala antes de embarcar rumo a um destino surpresa, um local que você anseia profundamente visitar, o que você jamais deixaria para trás? Pode ser uma peça de roupa essencial, uma fotografia ou o que você quiser. Agora inclua seu pet ou uma pessoa à sua escolha. Registre em seu caderno as informações sobre o que e quem você escolheria levar e explique os motivos por trás dessa escolha.

E se voltássemos cinco anos atrás, qual seria sua resposta? Certamente, seria diferente da resposta que você daria há dez anos. Em diferentes fases da vida, encontramos diferentes apegos, seja a pessoas, objetos ou outro tipo de vínculo que abordaremos a seguir.

Hoje, talvez recusasse a oportunidade de fazer essa viagem surpresa, pois considera seu trabalho ou algum item que não pode ser levado como extremamente importante. Talvez fosse mais viável se pudesse levar duas ou três pessoas. Às vezes, acreditamos que nossa ausência deixaria um "vazio" na vida de certas pessoas, e isso pode ser nosso apego predominante: a ideia de fazer falta quando não estamos presentes.

Às vezes, deixamos de fazer coisas novas em nossas vidas por acreditarmos que não podemos deixar outras coisas para trás. E talvez essa coisa que não possa ser deixada nem seja física, mas uma mágoa, um sentimento ou algo que você está esperando que aconteça e esse seja o motivo de várias recusas.

Você se considera uma pessoa controladora?

Acredita que, em caso de ausência sua, algo não seria feito?

Sim, isso é verdade. Não seria feito. Não da forma que você quer que aconteça, não com o seu toque pessoal de fazer as coisas. É duro, mas a verdade é que o mundo sobrevive sem você. Não existe apenas um jeito de fazer as coisas. Há o seu jeito e inúmeros outros. Por exemplo, se você tem o hábito de usar a rua A como rota principal para chegar à rua B, acreditando ser a melhor opção, não é correto afirmar que não é possível alcançar a rua B usando a rua C, apenas pelo fato de a rua C não ser o seu caminho preferido. Como sempre é você quem escolhe o trajeto, oficialmente, as pessoas que o acompanham andam pela rua A, mas, na sua ausência, provavelmente, escolherão ir pela rua C, que as levará ao destino desejado, porém, de forma diferente.

Exemplifiquei sobre ruas, agora quero que você anote em seu caderno o que as pessoas fariam sem você, quais escolhas fariam diferente em suas rotinas?

O que de pior aconteceria na vida delas, se elas fizessem do jeito delas?

Quem seria o principal prejudicado?

Será que a ideia de fazer falta ao mundo não é, na verdade, o medo de ser esquecido e de não controlar tudo? Ou de sentir que não precisam de você?

É mais confortável achar que as pessoas precisam de você ou estão próximas apenas por quererem estar?

O quanto cansativo é querer comandar a rotina das pessoas que o cercam? Querer comandar é mais cansativo do que controlar de fato. Será que não é mais fácil apenas deixar fluir?

Se é possível chegar à rua B, indo tanto pela rua A quanto pela rua C, por que precisa ser exclusivamente pela rua A? Não precisa ser assim. Existem pessoas querendo facilitar sua vida, assumindo o controle das vidas delas de volta, de modo a aliviar o peso e as responsabilidades que você carrega. Elas não fazem isso para se distanciar de você, mas, sim, porque têm um amor genuíno e desejam que você tenha mais tempo para si mesmo, reconhecendo o seu esforço.

Assim como não há apenas um caminho correto, o amor se manifesta de diferentes formas: alguns querem proteger, controlar para tudo dar certo e outros querem simplesmente soltar.

No passado, certamente, você deixou de fazer algo por não conseguir "soltar". Você já recusou oportunidades em sua vida por medo de abandonar certas coisas? Qual foi o resultado dessas recusas? Reflita sobre essa situação e resuma em seu caderno.

O que você mudaria se enfrentasse a mesma situação hoje? Como você teria adaptado as coisas?

Talvez atualmente você esteja recusando oportunidades em sua vida, na esperança de que algo melhor ou maior aconteça antes. Conforme os dias passam e suas expectativas não se concretizam, essa situação pode gerar frustração. O que você está deixando escapar em sua vida enquanto espera por algo?

Pode ser que você sinta a necessidade de levar "o mundo" junto para realizar algo. Mas você já se perguntou se "o mundo" quer ir? Como se sente ao pensar sobre isso?

Cada um tem seus próprios sonhos e objetivos; é preciso considerar que as pessoas talvez não queiram o mesmo que você. O que pode ser interessante para você não necessariamente é interessante para outro. Talvez você já saiba disso, e exatamente por isso ainda não realizou seu objetivo, ocupando-se em "administrar" a vida de pessoas próximas, uma vez que não teria graça realizar aquilo sozinho.

Pense numa situação em que normalmente sente que está no controle. Pode ser relacionada ao trabalho, relacionamentos ou qualquer outro aspecto da vida. Imagine como seria deixar essa situação fluir sem tentar controlá-la. Como isso afetaria seu nível de estresse e felicidade? Você se sentiria estressado ou feliz em curto prazo? E em longo prazo, como se sentiria por ter soltado esse controle? Faz sentido que a maior dificuldade vem inicialmente?

Talvez ao permitir que as coisas fluam, ao soltar o controle, você experiencie uma sensação mais leve de viver, com mais liberdade, que só foi conquistada após concluir várias experiências ao longo desse processo.

Retornando ao assunto inicial, e se você fosse sozinho na viagem? E se, ao retornar, o mundo tivesse sobrevivido sem você, com muitos resultados? Você se alegraria?

Acredita que as pessoas ficariam extremamente felizes em saber que você se divertiu e foi muito feliz em sua viagem?

Faz sentido para você que as pessoas que o amam verdadeiramente comemorariam seu sucesso?

E se o amor, afinal, consistir apenas em alegrar-se pelos feitos dos outros, mesmo quando não participamos? Você acredita que o amor pode ser manifestado de diferentes formas, incluindo a celebração do sucesso dos outros?

Como você pratica o amor em sua vida?

Como se sente ao refletir sobre tudo isso agora?

Convido você a refazer a Sessão #11 para clarear ainda mais coisas, agora com uma nova percepção de autoconhecimento adquirido. No final, releia suas respostas antigas e compare sua evolução. Na próxima sessão, vamos clarear ainda mais coisas sobre tudo o que abordamos hoje.

Sessão #50: Seu Copo Está Meio Cheio ou Meio Vazio?

Imagine que você está morando em uma casa que fica literalmente no meio do nada, um lugar distante e seus vizinhos são apenas a vegetação e alguns pássaros. Você acorda todos os dias, abre sua janela e tem disponível tudo isso: as flores, as árvores, o canto dos pássaros e o silêncio absoluto, impossível de ouvir em qualquer cidade.

Será realmente que existe esse silêncio absoluto? Como você imagina isso? Pode haver ausência de trânsito, construção, vozes, etc., porém há o som dos pássaros e o vento batendo nas árvores; e ainda se não houvesse esses sons, haveria o som do seu pensamento. Ou seja, talvez não exista silêncio absoluto em lugar algum. Alguns até dizem que para encontrar o silêncio exterior é preciso antes encontrar o nosso silêncio: o silêncio da alma, a paz interior. Se for assim, tudo se resume a perspectiva, foco e consciência.

Para esta última sessão, desejo oferecer algo impactante e, ao mesmo tempo, desafiador e confortante. Iniciei lhe pedindo para imaginar o silêncio absoluto e, logo em seguida, fiz parecer que "mudei de ideia" ao dizer que ele não existe. Agora, quero convidá-lo a enxergar de uma perspectiva em que nada na vida é absoluto. Tudo o que considerar que é definitivo e com uma única verdade, é porque você não ampliou sua consciência sobre aquilo.

Nem mesmo um fato ocorrido entre duas pessoas é único, de uma só percepção. Cada pessoa possui a "sua verdade", aquilo que fortemente acredita ser a verdade única.

Uma injustiça cometida contra alguém pode ter sido justiça para outra pessoa. Já parou para pensar nisso?

Aquela pessoa que já o feriu pode ter agido daquela forma apenas por acreditar que fosse a melhor maneira, ou até mesmo a única maneira de fazê-lo. Enquanto você ficou se sentindo injustiçado, aquela pessoa acreditou ser a única ou a melhor forma de agir, nem passando pela cabeça dela que tenha cometido uma injustiça ou prejudicado você. Por mais absurdo que isso possa parecer, é real.

Para aqueles que experimentaram uma injustiça, muitas vezes parece evidente que a outra pessoa agiu intencionalmente. Há sempre o outro lado da história, que raramente estamos dispostos a considerar em virtude da intensa mágoa ou irritação que nos impede de retomar o diálogo com a pessoa, nem tentar enxergar a situação de maneira mais ampla.

Se isso ainda acontece com você, em relação a uma situação antiga, é porque você está vendo com os mesmos olhos aquele evento, ou seja, com a antiga consciência.

Visualize em sua mente um copo com água pela metade. Vou dizer que o copo está meio cheio e você pode dizer que está meio vazio. Quem de nós estaria certo? Pode ainda vir outra pessoa e dizer que o copo está com água pela metade, nem meio cheio nem meio vazio. Seriam três versões diferentes, três pontos de vista diferentes e três verdades.

Em uma receita, se precisamos de 300 ml de água e temos apenas 250 ml, podemos dizer que temos quase o suficiente, contudo, o "quase" não faz garante a conclusão da receita: o quase não serve.

Se eu lhe pedir um quinto de copo com leite e você me trouxer um sexto apenas, para mim não vai ser pouco que falta para completar, vai ser muito, porque eu realmente vou precisar de um quinto de copo! Se você me trouxer um quarto, será excedente do que solicitei, e talvez você tenha trazido além do que eu pedi para que eu ficasse feliz, e caso precisasse de mais já estaria ali. Entretanto, na vida, muitas vezes deixar algo faltando, entregar menos ou fazer além do que deveria, faz com que muitas pessoas se machuquem e você nem mesmo perceba que estava causando tal situação. Sim, entregar além do que foi solicitado pode ferir ou estragar tudo, ainda que você tenha a intenção de ajudar. Já pensou nisso alguma vez?

Quantas vezes você quis agradar alguém, entregando além do indicado? Pode ser excesso de informação, tomar decisões pelos outros, superproteção, conselhos não solicitados e, até mesmo, dar mais do que receber. Dedicar-se constantemente sem permitir que os outros retribuam pode criar um desequilíbrio nas relações e fazer com que a outra pessoa se sinta inadequada. Qual desses exemplos você recorda de ter feito por último? Anote isso em seu caderno, resumindo seus motivos, a situação e as pessoas envolvidas.

Minha intenção é proporcionar uma compreensão mais clara de que muitas das pessoas que causaram mágoa em seu passado não agiram intencionalmente. Talvez tenham ultrapassado os limites (enchendo o copo além do necessário) ou tenham feito abaixo do que era esperado, mas, provavelmente, não agiram com a intenção de prejudicá-lo. É importante reconhecer que, conscientemente, assim como você, essas pessoas não agem frequentemente com a intenção de causar dor. Clarear isso será uma virada de chave em sua vida.

No exemplo simples do copo, é possível que você tenha até mesmo cometido um erro na quantidade de leite, resultando em uma receita arruinada, fazendo com que o bolo não ficasse tão "fofo" quanto deveria. O detalhe é que aquele bolo poderia ser para o aniversário de alguém, e você talvez não tivesse conhecimento de quão significativo era para aquela pessoa ter o bolo mais "fofinho" do mundo. Nem sempre aqueles que cometem erros estão cientes do que estão fazendo de errado. Às vezes, quem erra não tem a intenção real de causar mal, mas, sim, uma intenção positiva.

Refletindo sobre o cenário que descrevi anteriormente, imagine como seria viver em uma casa isolada, no meio da natureza, e, ainda assim, estar no centro de algum lugar. Ou seja, você não está no centro de uma cidade movimentada, mas ainda estaria no centro de algum lugar! A vida frequentemente apresenta diversas perspectivas para todas as situações, e, muitas vezes, até mais do que imaginamos.

E você, consegue saber o que na sua vida está no meio do nada e, ao mesmo tempo, no meio de tudo?

A sociedade em que vivemos inúmeras vezes nos faz crer que estamos perpetuamente atrasados em conquistar uma posição de destaque, adquirir uma nova qualificação, alcançar uma promoção ou receber algum tipo de reconhecimento público. Mas será que já não deveríamos estar contentes com o que temos? Afinal, nos dedicamos muito para isso. É errado sentirmos satisfação com nossas realizações atuais?

Alguns podem sugerir que isso é comodismo. Então, por que essa palavra parece implicar uma diminuição de nossos feitos?

Como você lida com a pressão da sociedade para alcançar certos marcos ou padrões de sucesso? Isso já lhe causou conflito interno?

Você precisa de um copo de água cheio para fazer uma receita (realizar algo). Seu copo está meio cheio ou meio vazio?

Talvez, seu copo esteja apenas completo até a metade e você não tinha percebido. O quanto de água você precisa para completar o que falta na sua receita? E se não for água, o que você precisa? O que você precisa fazer para preencher esse copo?

Você vê necessidade de preencher esse copo?

Cada pessoa que olhar seu copo (sua vida) vai enxergar de uma maneira. Ou seja, cada um verá uma forma de sucesso e uma falta de sucesso em sua vida. Como você define sucesso em sua vida? É uma definição pessoal ou influenciada pelas expectativas sociais?

Qual é a importância de não buscar uma verdade absoluta e estar aberto a diferentes perspectivas?

Pode ser confortável clarear que você não é obrigado a encher seu copo apenas para atender à pressão da sociedade, que muitas vezes sugere que seu copo está meio vazio. Porém, se houver algo que você acredita que tornaria sua vida mais completa e que, ao enchê-lo, traria total satisfação, estabeleça metas para iniciar esse processo de preenchimento. Você já sabe como fazer isso.

Espero ter clareado para você o que é verdadeiramente importante em seu interior, em contraposição ao que os outros desejam.

Cada um tem sua própria vida, e se eles preferem manter seus copos meio cheios, essa é uma escolha pessoal. Você não precisa se sentir infeliz apenas por alguém dizer que seu copo deveria estar mais cheio, se até então você não tinha percebido insatisfação. Da mesma forma, não importa se disserem que você está no "meio do nada", porque você clareou que o "meio de tudo" também é só um ponto de vista.

Convido você a não dar excessiva importância ao ponto de vista externo e a reconhecer o poder da sua própria visão de mundo. Ao abraçar seu poder e priorizar o que é verdadeiramente importante para você, o permitirá viver uma vida que reflita seus valores e desejos autênticos, sem se esforçar para agradar aos outros.

E que tal desfrutar do poder de não buscar uma verdade absoluta, mas, sim, de viver uma vida sendo você mesmo, esse "novo eu", com uma nova consciência, ampliando sua perspectiva para além da ideia de um copo meio cheio, meio vazio ou pela metade? De que outras formas você imagina que esse copo pode estar?

Agora você possui todo o conhecimento necessário para viver uma vida mais leve, com a liberdade de poder ser quem você é e quem quer ser.

Gratidão por ter me permitido fazer parte disso!